邹市明 / 著

中信出版集团 · 北京

图书在版编目（CIP）数据

拳力以赴 / 邹市明著 . -- 北京：中信出版社，
2017. 5
ISBN 978-7-5086-7283-0

I. ①拳…　II. ①邹…　III. ①人生哲学－青年读物
IV. ① B821-49

中国版本图书馆 CIP 数据核字（2017）第 027992 号

拳力以赴

著　　者：邹市明
出版发行：中信出版集团股份有限公司
（北京市朝阳区惠新东街甲 4 号富盛大厦 2 座　邮编　100029）
承 印 者：北京通州皇家印刷厂

开　　本：880mm × 1230mm　1/32　　印　　张：10.5　　字　　数：200 千字
版　　次：2017 年 5 月第 1 版　　印　　次：2017 年 5 月第 1 次印刷
广告经营许可证：京朝工商广字第 8087 号
书　　号：ISBN 978-7-5086-7283-0
定　　价：49.00 元

推荐序

有你在，就是最好的安排

人生，总有那么多的相遇，而我很贴近也很幸运地遇见了你。

梦想，总有那么多的诠释，而你很享受也很幸运地走在梦里。

在大多数人的眼里，你是英雄，你的成绩，对中国拳击运动发展有着里程碑式的重要意义，你为国争光，在拳击运动的发展和推广中，不遗余力。但于我，你只是我的爱人，我孩子的父亲。

还记得第一次看你比赛时的情景，我根本不敢抬头看你比赛，怕你被打，怕你受伤，我心跳加速，呼吸加快，内心极度恐惧，只能低头假装看手机。

即使只是看你训练，我站在围绳边，看你反复承受常人难以承受的强度练习，挥汗如雨，我转过头泪如雨下。

记得第一次陪你奥运会比赛，第一次与你牵手踏入美国训练馆，第一次站在职业的赛场……每一个第一次，时至今日回忆起来，我依然能真切地感受到当时急促的呼吸声，剧烈的心跳，仿佛空气被抽走，时间就此停下脚步……

人们都说：人，一定要有梦想，万一实现了呢？你的梦想是冠军，是金腰带，是为国争光。而这些年，我看着你的付出和努力，无时无刻不在激励着我自己。从不敢看你的比赛，到陪伴你训练；从不懂拳击的菜鸟，到场边尖叫连连的铁粉；从见血就怕到哭的女孩，到敢为你擦血冰敷的女人。我的心，也随着你历练、成长，乃至强大。

是的，有时候我会不清楚这种强大是好是坏，甚至有时会害怕这样的强大，是否会麻木我的担心和心痛……可有一点，我坚定地相信，有你在，就是最好的安排。

2006 年，你拿到了第一个亚运会冠军，那一年，我还是一名学生。还记得那个简陋的庆祝 party（派对）吗？我送给你的礼物是六个氢气球挂着的一个巧克力金币。虽然跟你的亚运会金牌比起来，那块“金币”小得多，但那是我们一起见证的第一块“金牌”。

随后的日子里，我们一起走过 2007 世界锦标赛，你拿到第一块世界金牌，而我开始工作了，并用第一个月的全部工资给你买了一件皮衣，期待你未来要出息，更多场合穿上会更帅气。

2008 年，北京奥运会，家门口的比赛，容不得半点闪失，你压力巨大，寝食难安，我扮成男生，去偷看你训练，只为跟你聊上十分钟，打开你的心结，希望你轻装上阵。当比赛结束，我看到拿着金牌跪在教练面前的你，热泪盈眶……

这一幕一幕，永远忘不了。

时间就这样不经意地溜走了……我们有争吵，有无助，也有妥协，但从未放弃。

结婚，生子，以前在我心里是遥远的事情，对于出生在离异家庭的我来说，甚至是一种奢望。我是一个缺乏安全感的人，以至于我想要去变得更强更好，才足以感受到存在和安全。从懂事开始，我一定要年年第一名，事事圆满，技能满分，我给自己严格的规划，不允许有任何失误，包括学业、事业，甚至是个人感情。而生孩子这件事，在我看来，也至少是三十岁事业有成以后才会去考虑的事情。你的出现，像是老天爷未曾规划的爱的礼物。

五年异地恋，没几个人看好，不是吗？但爱的力量，也许只有自己才最明白。寒冷冬夜，为了给我惊喜，你站在楼下等我回家，快冻成冰棍。炎炎夏日，我连夜赶去看你，生病的你却不忘亲自摘一朵栀子花给我……我独自北漂，为最初的梦想而奋斗。你坚守拳台，为国家荣誉和自己的梦想而奋起。其实，我们就是平凡的两个年轻人，在那些热血澎湃的青葱岁月里，彼此鼓励，彼此温暖。

所以我告诉自己：没有什么事是必须，人生也不是按书本教条去生活，对的时间和对的人，为什么一定要等到三十岁以后？错过，即是另一番景象。就这样，我有生以来第一次挑战了自己设下的规定，三十岁前，步入婚姻殿堂，与爱的你。

轩的到来，是上天给我最特别的礼物，我又开心又忧虑，我欢喜我的生命即将变得完整，想象着孩子会与我们经历所有的一切，也担忧不能教育好他，无法胜任母亲的角色。那时的你，正在备战 2011 年的世锦赛和 2012 年的奥运会，卫冕的任务和压力，也成为我们这个家庭积极努力的动力，我努力安顿好家里的琐碎事情，自己安排好生产医生和医院，积极学习和适应……当你长途跋涉半夜归家，把世锦赛奖牌放在我枕边，当你含着泪，把伦敦奥运会金牌挂在儿子脖子上，那一刻，真的感恩我们从俩人变成仨人，感谢你为一个家庭带来的安全感、荣誉感，而我，也跟你一起变得越来越强大和完整。

2013 年，我们拖着俩箱子，就到了美国。你要做第一个向美国职业拳坛学习和发起挑战的中国人，也是你第一次在完成奥运赛场的梦想后，到国际舞台上告诉全世界，我们中国人在这项运动中，在职业的赛场上，同样很牛。

初来乍到，是如此艰难。语言、文化、生活等众多问题，加之舆论质疑，还有你身上的伤……你眼睛受伤的那一次，我递给你的水，你没接住，水杯直接掉在了地上，我才知道，你的眼睛出现了重影。在训练馆里，你对着沙袋不停地打，转过头来，却已经泪流满面，职业梦想正在熊熊燃烧，但病魔却悄然而至。医生说，如果再挨一拳，你的眼睛会濒临危险的境地。那一夜，在洛杉矶空荡的家里，我们抱头痛哭……我感觉恐惧是这么的深。但那是你全部的梦啊，我不能绑着你，挣扎过后，我只能战战兢兢地陪你继续前行。如果没有这一本书的回忆，大概永远也没有人知道那几年我们经历了什么。

当然，开心的事情也很多，也就是到美国的那一年，老天给我们送来了另一个爱的礼物——皓。他不仅给我们带来了爱，更带来了希望和快乐，也让我们明白，就算为了孩子们，我们也必须加油前行。

2016 年 11 月，你实现了拳击生涯的大满贯，拿下了 WBO（世界拳击组织）世界拳王金腰带。至此，你成为这项运动在全世界范围内唯一实现全满贯的运动员，这是中国的骄傲，也是我们黄色人种的骄傲。

你说，也许应该写下一些文字，留下一些回忆，蓦然发现，原来我们已经风风雨雨走过了 11 年。这些年来，我们一起成长，一起进步。

亲爱的朋友们，当你们读到这本书时，这个身高不算高大，却是梦想的巨人，样子不算帅气，却是魅力十足的我最爱的男人，将把他自己完全地敞开在你们面前。

无论未来会面对什么，借用你最爱的一句话：我们，全力以赴！

永远的铁粉颖

自 序

21，是灵魂，是游戏，还是拳头！

21 克，是人类灵魂的重量。

21 点，是全球赌场的牌局。

21 年，是我带着一双拳头走过的征途。

3 年，7 天，21。这一切，在拉斯韦加斯实现了美妙的虚实对接。

北京时间 2016 年 11 月 6 日，美国时间 11 月 5 日，托马斯·马克体育中心，我与泰国拳王坤比七战满 12 个回合，首次夺得职业生涯 WBO 世界拳王金腰带。

起步西南，雄关漫道，东西跨越，终成正果。

欢呼与喧嚣声中，师父、爱人、观众、伙伴、对手，共同组成生动而驳杂的背景：攻与防的较量，那是斗士的灵魂在舞蹈；输与赢的对峙，那是 KO（击倒）的欲望在燃烧；成功与梦想的冲撞，那是心的执着在奔跑。明暗交替的素材，简单纯粹却摄人魂魄。在“拳王邹”的人生大片里，他们，此刻，凝结成我生命故事里的惊心桥段。

3 年

2013 年，拉斯韦加斯，我来了。

为了到达这里，我用 30 多枚冠军勋章与岁月做了笔大交易，它几乎抵押上了我所有的荣耀：全国冠军、亚洲冠军、世锦赛冠军、奥运冠军。

像极了两个好奇宝宝，梦想化身为勇气，引领我和莹颖飞至赌城的上空。

乘坐 TOP RANK（国际知名的拳击推广公司）安排的私人飞机，俯瞰夜晚的拉斯韦加斯，充斥着亮如白昼的不安与亢奋。从窗户往外看，无数颗星星就在你旁边，那么大一颗，好像伸手就可以抓住，但只是“好像”。如若我们无法看懂的 21 点游戏，赌城的明牌与暗牌，就这样在我们面前轰然摊开。

2016 年，拉斯韦加斯，我赢了。

比赛结束的铃声敲响，裁判给出 120：107、120：107、119：108 的比分，判定我点数完胜，奥运金牌 + 世锦赛金牌 + 亚运会金牌 + 世界职业拳击金腰带，我敢自豪地说一声，该拿的我都拿了！

我脚穿轩皓战靴，手举金腰带，亲吻莹颖的照片出现在各大媒体的头版，背景是鲜艳的五星红旗。

于国，于家，这一把豪赌，大获全胜！

7 天

10 月 31 日，万圣节

节日自拍新鲜出炉，化了个“妖孽”的万圣节装，扮成《东京食尸鬼》男主的模样。把照片 PO（上传）上微博，我问：“酷不酷？”

“轩爸加油！”

“拳王妖艳起来也是酷得不要不要的。”

朋友们评得热闹，我也“装”得尽兴。

酷，当然不只是指僵尸眉、美瞳和半面骷髅画皮。大赛当前，还有闲情逸致与朋友们凑个局，而不是心里除了胜负什么都盛不住；妆面狰狞，妆后的我却一脸坏笑。从这一天开始，将进入赛前的控制体重阶段，一天的食物只有寥寥几颗樱桃，或者几片清水牛肉。讲真，是真的饿。

秀酷不是真，秀尖下巴才对。没错，这才是真正的我。

是酷，还是苦？都能耍得开。

一个辉煌的大使命拆分成可执行的分量，就成了平淡的一天，又一天，一轮又一轮漫长的 24 小时。单调、重复、高强度的训练，有种累，直达骨髓。

拳击当然欢迎斗志，但想在拳台上面斗智，首先必须有体能保障。我只能跑，跑到窒息，跑到没办法思考，才能把焦虑、浮躁、疑虑重重，都远远抛在飞奔的身后。

这一路，跑过桃溪寺野校的土操场，跑过省队和国家队的集训场，跑过好莱坞山凌晨五点的寂静山道。梦境中，我也在跑，脚蹬红色运动鞋在黑夜的小巷里奔跑，后面是蜂拥而至的人群，分不清是敌是友，或许只是一片潮流。

从洛杉矶来到拉斯韦加斯，我知道一场战斗离我越来越近。

倒计时 3 天，紧张吗？当然。

此刻，如空气被抽走了一般，午夜三点的拉斯韦加斯，我毫无睡意，似乎越伟大的游戏，越需要设置闯关的艰难。

是的，39 小时之后，我还需要减重七磅……

减去水分，减去脂肪，最后是减去最顽强的肌肉。拉斯韦加斯的干热困扰着我，我的身体除了骨头，已经减无可减。

没有汗，怎样办？就套上两件羽绒服，在跑步机上疯狂奔跑，配合体能教练完成全部的训练。饿感凶猛，拳感汹涌，低落与亢奋，在

身体和灵魂里对冲。

赛前称重，一次过关。

我赢了，我瘦了。我问：帅不帅？

幸福来得不容易，才会让人更加珍惜。为了这一份荣耀，这一份幸福，我无时无刻不在努力。有人问：你凭什么？我想说：那你拼了什么？

21

21是一场与自己的对赌，是一次对梦想的追逐，更是一种灵魂出窍式的提升。

我要打倒的，是每一次被打倒的我，和每一个怀疑。

“中国最伟大的业余拳击手。”

这是美联社给予的TITLE（头衔），我不喜欢。业余曾是我的心魔，从职业生涯的起点，它就对我紧追不舍。

当我站上职业拳台的那一刻，为中国拳击迎来巨大荣耀的海盗打法就陷入争议。当师父与西方教头联袂成为我的指导，一种新的更加多变的风格已日益成熟。

脚步移动如蝴蝶般起舞，出拳迅捷如蜜蜂蜇刺。在移动中保护自己，击败对方，这是什么风格，对于我，更愿意称其为红色打法。一如我的偶像毛泽东，在我的故乡遵义缔造的伟大军事思想。伟大的思想，伟大的故乡，永远是我风格养成的丰富滋养。

多变的拳风，成熟的技术，顽强的体能，还有更好看的画面，这一切都在拉斯韦加斯的拳台上得到全方位的提升。

刚下拳台，又上舞台，除了拳王，我更是拳击运动的推广者。

我希望带领专业团队在中国拳击沙漠中耕耘，在推广中完成启蒙，让国人更好地理解拳击，消除对拳击的误会，让中国观众更好地关注拳击比赛，欣赏拳击的艺术，而不仅仅关注输赢。

不必有金腰带，不必有金牌，甚至不必有观众。戴上拳套，登上拳台，倾情出拳，流血流汗，人人都可以是自己的拳王。

比赛有输赢，但拳击无胜负。真正懂得拳击的人，迟早会发现，在那 7 平方米的拳台上从来没有过真正的赢家，胜利或失败都将伴随着痛苦。

我，要的是金腰带，更需要一个我的时代。

并非我成功了，中国拳击就成功，而是中国拳击能成功，我才算成功。如果今天，“拳王邹”不能打通天堑，让热爱拳击的孩子从站上拳手之路之初就看到光明、希望、只要足够努力就可以换来的奖赏，那“后邹市明时代”又如何迎来千千万万个“邹市明”们？

我要我的时代，在这个时代里，中国拳击的先行者、后来人，他们能找到同道社群，找到拳台拳馆，找到自己的文化图腾、精神信仰。师父有了徒弟，徒弟有了师父，中国拳击有了后备军和新生力量，更多人可以在拳手身上看到中国男人可贵的品质：重拳也好，伤病也罢，起落成败之中，中国男人，你要挺住。

“后邹市明时代”，焉知不是“前邹市明时代”。

我看到了这个时代潜藏的无限可能性。

我一直在人生理念里面修一个字：“德。”这个“德”每时每刻提醒我一份初心：把德修成正果，做什么事都会一通百通。

大赢，靠德。我要的大赢，不是一个邹市明在拳台上的胜负，而是千千万万个邹市明的崛起。

我用拳头开辟梦想之旅；稍长，21 年；

我用笔触开启回忆之路；不长，35 年。

21，是灵魂，是游戏，还是拳头？

对于一个不断进取的小拳手，无论 3、7、21，我与你们都要继续奋斗，不是吗?!

拉斯韦加斯的故事就让它留在拉斯韦加斯，而我的中国版职业拳击大戏才刚刚拉开帷幕……

我的非官方小传

我就是我，这就是我

1981 年 5 月出生，几乎是最早的一批“80 后”，故乡红色遵义，左边教师妈妈，右边工程师爸爸，虽有优良基因辅佐，我并没有走上他们理想中的道路。

1994 年，13 岁，我拿出人生第一股勇气，从应试教育的体制内逃离，从家乡中学转移到深山野校—位于遵义西郊的桃溪寺武校。我的体育生涯就从这里的武术队开始。

入住桃溪寺第二年，我得到去省体校拳击队学拳的机会。一年间，我往返于省体校和桃溪寺，在拳击和武术间随时切换。在切换中逐渐清晰，拳击才是我一生的至爱。

1996 年，我在贵州少年组拳击比赛中获得第二名。同年，我初中毕业，来到地区体校学拳。

1997 年，16 岁的我进入省拳击队。

2000 年，成为拳击国手，我意气风发。

2001 年 11 月，荣获第九届全运会男子拳击 48 公斤级第三名。

2003 年 7 月，夺得世锦赛男子 48 公斤级亚军，实现中国拳击在世锦赛上奖牌零的突破。同年 10 月，获得全国拳击冠军赛 48 公斤级冠军。

2004 年 8 月，雅典奥运会男子 48 公斤级铜牌，实现中国拳击在奥运会上奖牌零的突破。

2005 年 10 月，第十届全运会男子拳击 48 公斤级冠军。

2006 年 12 月，多哈亚运会男子拳击 48 公斤级冠军。

2008 年 8 月，北京奥运会男子 48 公斤级金牌，实现中国拳击在奥运会上金牌零的突破。

2009 年 10 月，蝉联第十一届全运会男子拳击 48 公斤级冠军。

2012 年 8 月，伦敦奥运会男子拳击 49 公斤级冠军。

奥运金牌，中国拳击第一人，让世界重新认识中国拳击。感谢命运，给了我梦幻般的事业，和更为梦幻的爱情。

2011 年 2 月，三十而立，我终于娶到了莹颖，我的一生至爱。同年 6 月，迎来大儿子邹明轩。除了拳击，我的人生又有了另一个完美的圆—家庭。萌宝辣妈，霸气母后，外加一个逗逼拳王，我家是个桃花源。

本可以在桃花源里安度余生。可是，心里总有一种声音，挥之不去，以洪荒之力，拉着我再一次跳出体制。

2013 年 1 月，我放弃仕途之路，牵着莹颖的手，来到美国，进军职业拳台。不在职业拳台上打一场，我不甘心！

2013 年 4 月，澳门，职业首战轻松获胜。

2013 年 7 月，澳门，第二场职业赛，打败墨西哥拳手奥特加将。

2013 年 8 月，我职业拳击事业风生水起之时，二儿子邹明皓呱呱坠地。

2013 年 11 月，澳门，怀着再次喜为人父的兴奋，迎战墨西哥拳手托斯卡诺，实现职业赛三连胜。

2014 年 2 月，澳门，第四场职业赛，对战泰国拳手尼克松，我像开了挂一样，第一次 KO 取胜。

2014 年 7 月，澳门，第五场职业赛，对战哥伦比亚拳手德拉·罗萨，获得 WBO 蝇量级国际特设金腰带。

2014 年 11 月，澳门，对战泰国拳王坤比七，职业拳台六连胜，赢得世界拳王金腰带挑战权。

2015 年 3 月，澳门，第七场职业赛，对战泰国名将阿泰·伦龙，点数惜败。

十年首败之后，我想，世界那么大，应该去看看拳台之外的天地。

2015 年夏天，带着大儿子邹明轩参加湖南卫视亲子真人秀《爸爸去哪儿》第三季的拍摄录制。

2015 年 11 月，参与江苏卫视真人秀《女婿上门了》的拍摄录制。

2016 年 1 月，上海，经历一番综艺世界遨游，我重返拳台，迎来第八场职业赛，对战南美拳王纳坦·桑塔纳，重新赢得 WBO 国际蝇量级特设腰带。

2016 年 6 月，在素有“拳坛麦加”之称的纽约麦迪逊花园广场，第九场职业赛，迎来我在美国的职业首秀。作为第一个站在麦迪逊花园广场拳击舞台的中国拳手，我战胜对手匈牙利拳手阿伊塔伊，夺得 WBO 国际蝇量级拳王金腰带。

2016 年 11 月，美国拉斯韦加斯，第十场职业赛，再战坤比七，赢得 WBO 蝇量级世界拳王金腰带。从中国拳王、国际拳王到世界拳王，一场场比赛，血和汗的洗礼，我终于收获拳击世界的大满贯！

2016 年 12 月，获得中国十佳劳伦斯“最佳非奥运动员”奖。

我就是我，我是本书的男主，但不是最重要的。最重要的是你，你们，多年来陪伴我的每一位亲爱的观众，愿意阅读我的每一位亲爱的读者。有了你们的关注与喝彩，这本书，会如同下一场比赛，好看到爆，精彩到你想不到……

目录

第四章　道具

头盔，象征着锦标主义。

第五章　烟火

分手的烟火怎堪比生活的烟火，
我与莹颖的交谈从如何用英文砍价开始。

第六章　师父

当张传良遇到罗奇，
我的拳头跌宕几许。

第七章　伙伴

专业的，职业的，你们。

第八章 敌人

35 年如一日的体重，
长达 20 年的肌肉记忆。

第九章 对手

对手，成就你的另一双手。

第十章 爱人

感谢上天，为我在这个世界准备了你。
伟大的女主，“不安”却是我赠予你的礼物。

第十一章 儿子

宝贝，长大以后，你们去哪儿？

第十二章 母后

无论老大，还是超人，
她们，都是妈妈。

第十三章 第十三个回合

有许多事，无法用拳头解决。

第十四章 尊严

让一个贫困生，像绅士一般活着。

第一章

时差

钱的味道，
全世界都可以闻到。
梦想的味道呢？

够野：西南

茅台的正确打开方式是什么？是在地球的西八区，就着东七区的羊肉粉喝下。

这是故乡贵州与新家洛杉矶的能量对撞。

耗尽体力，完成一天的训练；用尽心力，消磨一口酒。35 岁的我从未感觉如此脆弱。这样的坚持，正赢得更多的喝彩，也承受着更大的诋毁。这个世界同情弱者，这个世界更喜欢旁观失败者。

此时此刻，大战前夕，备战的我又似乎陷入了低谷。带着一身臭汗，先将自己关进洗手间，这是我沿用多年的禁闭式心理疗愈法，可年龄渐长，愈合的程度却每况愈下。

我能说，我是一个很可怜的人吗？人间 35 载，除了拳击，我身无长物。每天，完成最后一个训练动作，坐在家中庭院里发呆。身边没有莹颖的笑，没有轩轩和皓皓的闹，只有一口酒，一碗粉，我的思念传到他们身边，总是迟到12个小时。

我能说，我是世界上最胆小的人吗？拳台并不高，却让我恐高。“高处不胜寒”，傲立高处需要胜寒吗？也许，只需要战胜自己的心魔。

强悍的对抗，绝非简单的劳其筋骨，而是历练忍与韧的高能。世间真美酒，从来都是高度数。黔北赤水河畔的茅台被称为“带电的液体”，与它对吻，如同消受非凡的重口味。人生得意事，失意事，皆在酒中滚沸、蒸腾。

是的，你懂得了生活，你便可以承受任何生活。

在一个信奉铁拳的职业王国，英雄的高度不是拳头的重量，而是永远放不下拳头。

“I hope you don’t mind, I just want with you to play a game.”(“希望你别在意，我只是想和你打一场而已。”)

杰克·吉伦哈尔扮演的昔日拳王，在电影《铁拳》中说出这句台词，道尽一个落魄拳击手的重生。为女儿谋，为生计谋，为梦想谋，一个弱者可以在拳台上成为自己的英雄。无关强弱，只不过是坚持，在坚持中爱下去，就已走上了王者之路。

如同职业拳击场上的赤裸相对，或许每一颗运动者灵魂都是赤裸者。他们对竞技的态度是果敢出拳，对一座城市的热爱也是无与伦比的直接与浓郁。

From the South Bay to the Valley

（从南部的海湾到山谷）

From the West Side to the East Side
（从西到东）
Everybody’s very happy
（每个人都异常快乐）
Cause the sun is shining all the time
（连太阳也被感染，始终艳阳高照）
Looks like another perfect day
（又是幸福美好的一天）
I love L. A. (We love it)
（最爱洛杉矶）
I love L. A. (We love it)
（最爱洛杉矶）

洛杉矶湖人队队歌《最爱洛杉矶》（*I LOVE L. A.*）用欢快鼓点敲击出洛杉矶的节奏，而我脚下的这座城市——洛杉矶，说得可以比唱得更好。

电影《她》中，长达三英里辽阔浪漫的海岸线，就取景于洛杉矶的多克韦勒海滩。这处休闲海滩位于洛杉矶国际机场的跑道尽头，头顶有飞机的掠影，男主人公就在这里约会“她”，他生命中的天使。

作为天使之城，洛杉矶的阳光，仿佛我的故乡，温暖而宜人。作为名人之都，这里酝酿着高度数的财富与名气。此时此刻，两座城市的度数叠加，抚慰着一位 35 岁拳击手的巨大寂寞。

愈寂寞，愈高亢，这是梦想者的节奏。

巨大的白色“HOLLYWOOD”是好莱坞山的标志，每天早上我上山跑步，都要路过浓荫掩映的林立豪宅和老旧的电线杆。晨跑过后，再开车来到罗奇的 WILD CARD 拳击馆，正式开启一天的训练。

WILD CARD，“野卡”。野卡训练馆的天窗开在高处，这里有擂台，没有舞台灯光；有对手，没有胜负。野性氛围书写着大大的自由。肤色、阶层、贫富，在这里都被掩盖，彰显的只有对拳击的热爱。

WILD，野，是我的出处。与晨练所在地、大名鼎鼎的好莱坞山不同，我曾是一位在大山深处狂奔的迷茫少年，野校是我进入拳击世界的起点。

桃溪寺武校，隐匿于遵义西郊深山中。说是武校，其实是座破落的荣军院。那里的住客很历史，那里的空气很郊区。一道大铁门把我关在里面，同时这里又为一位少年被禁闭的青春期打开了通向自由的出口。

集体宿舍由老式的电影院改装而来，凳子被移光，剩下光秃秃的斜沙坡，还有很多钉子留在地上绊脚。入住第一天，爱干净的母亲带来了蚊帐和床头柜，我钻进松垮的蚊帐，把床头柜想象成我的城墙，半夜一觉醒来，灯没关，一片寂静。13 岁，第一次出门，想爸妈。

父亲是工程师，母亲是幼儿园老师，注定了我成为不了坏孩子。

但仅仅不是坏孩子，远不能满足母亲的期待。母亲对我的否定，从我出生那一刻就已开始——她想要的是一个乖巧的女儿，站有站姿，坐有坐相，最好学习全优，超越她所有教过的孩子。

整个学生时代，她只为我去过一次家长会，我的成绩不够好，让她没有面子。她对我的未来总是悲观，每次撞见道边头发胡子粘成一片，满身满脸污秽不堪的拾荒者，都不忘阴沉着脸吓唬我："你，长大后就和他一样！"

我在家里面很乖，但我不想回家。我想像其他同学一样，放学后打乒乓球，疯玩疯跑，但当我按时走进家门，门在身后关闭，我知道我再也出不去了。

母亲以圈养的方式将我关在家中，我也终究未能成为给她挣得面子的好孩子。她只好尽全力把我规束得更乖巧，而我要突围，要走出去，除了学习，学什么都行。

"妈，我不想读书了，我想练体育。"

1994 年，刚读完初一的我把前途赌在母亲的点头或摇头之间，13 年来，她习惯了对我说"不行"，这次却竟然答应。无论怎样，这对于当时的知识干部家庭而言，是非常个性化的选择：不仅学费高于普通学校，同学也几乎都是各个学校里的"老鼠屎"：学习烂，超级懒。

母亲答应我，或许是为了儿子的前程，换个方式再搏一把，而我却看到了希望：挣脱了家中的条条框框，逃离了课堂上 45 分钟接着 45 分钟的枯坐，我终于可以把这些年被圈在家里的时间追回来。深山野校满足了我从电视剧《天龙八部》里学来的武侠情结，我常做这样的梦：自己偶然打通经络，身怀绝世武功。

天亮了，教练一吹哨，所有学员都从梦中被赶上训练场，围绕武校跑圈。在跑步的队伍中，我不是条件最好的，却是最不会偷懒的。别人跑 3000 米，我绝不会跑 2900 米，只会跑 3100 米。

那是“拳王邹”的养成时期，是后来一切情节的基础。在够偏、够野的大山里，我的重头戏是训练，训练，训练，是不断重复的一天又一天。那些训练，在我的脚底板磨出必须去专业医院切除的厚厚老茧，我却甘之如饴——有些事情，时候不到，就是不行。

武校虽“野”，还是分出了三支队伍：散打、拳击、武术。我进的是武术队，教练像《水浒传》里的美髯公朱仝一样长胡子飘飘，我们都叫他胡子老师。

胡子老师和深山老林相映成趣，他就像武侠剧里的道人：凶，瘦，精干，穿着一套绸缎武术服，走路时背着手，手里拿着一把梳子，随时随地梳胡子，而不是头发。

我练功晚，腿上的筋拉不开，胡子老师拿根柱子，把一条腿绑起来，拿起另一条腿就往头上扳。我疼得忍不住，就拼命拉他的胡子，他爱惜胡子，气得要命。

一站桩就是大半天，让我感觉又回到了枯坐的教室、闭门不出的家里。操场另一边，拳击队在训练，我遥望他们学员的闪转腾挪，觉得那才是我要的自由。我斜着眼睛看，不知不觉，胡子老师就悄悄来到我的身边，抄起梳子“啪”一下打下来，气运丹田呵斥道：“不练就给我滚！”

胡子老师的一声滚，让我找到了真正的归宿：拳击队。

在入住桃溪寺的第二年，临近开学，学校开出4个名额，交3000元学费，就有机会去省体校的初三年级旁听一年，跟着训练。我交上这笔巨款，拿到名额，准备去验证自己究竟是不是练拳的好材料，得到的答案却是："拳击队今年不招人。"

难道就这样认栽？在愿意收我的摔跤队或田径队里将就？不！可是3000元的巨款已经交上，我怎么向家里交代？犹疑间，我留在桃溪寺武术队，又翻了半个月的跟头，想明白了一件事：我喜欢拳击，我就想练拳击。

我决定为了这份喜欢，破一破规矩，去开展我的大计划：两地奔袭，去省体校学拳，回桃溪寺练武。

第一次出发那天，一起住大通铺的同学们为我"饯行"，一群穷兄弟凑齐兜里所有的毛票子去买酒，买小吃，我要去省体校了，这可是大事。

吃完饭，我把行李收拾好，坐上长途客车去贵阳。一路颠簸加堵车，那点小酒小菜很快消化得一点儿不剩。等灰头土脸赶到省体校，已经是下午三点，我仗着自己交了学费，硬是混在拳击队跟着学了下来。晚上又坐长途客车回桃溪寺，第二天，再蹬上武术训练裤，继续翻我的跟头。

有了学习的平台，我对拳击越发痴迷。我每周都去一趟姨妈家，途经贵阳最繁华的丁字街头，三公里的路程，万人之巷。我盯着每一个迎面而来的行人，不与他们擦肩，快速穿行而过，当作一种躲闪练习。

每一个街口，每一条巷道，都成了我的天然训练场。走路再也不能好好走了，一片叶子掉下来，我都想把它当作一个对手；遇到一棵树，我都假想它会动，要先躲，再走过。好多路人看到我，纷纷投来好奇的眼神，随后露出一种无聊到爆的表情。

我的痴迷为我带来了丰厚的回报：从未得到过的成就感。从小被母亲换着花样打击的我，终于不再是一个失败者，而成为了一个有拳击梦想庇护的有志青年。

我知道，我已经不可能离开拳击。初中毕业，我回到遵义。在桃溪寺走完试错的弯路后，我决定回到原点，去参加省体校考试选拔，正式学拳。

“差了一公分！”

我的臂长比身高短一公分，为了弥补这个差距，鞋子成为我最昂贵的支出。

四肢长而壮是拳击手必备的先天条件，而我身材弱小，手臂又相对短，就要反复进行步法移动才能进入有效攻击范围，这就需要加倍的重复，加倍的体能，加倍的脚步耐力。对方跳一次，我要反复多次跳，练习没多久，鞋子磨坏一双又一双，脚底板上都是茧，一年以后茧上面又长茧，长得太厚，以至于需要到专业的医院把它切除才能重新训练。

也正是这一公分差距让我知道自己的弱势与应对之法：只有灵活闪躲，才可能胜出。事实上，选拔赛初试因为臂长不够而吃了闭门羹之后，我就是凭借灵活应变，才改写了被淘汰的命运。

复试时，教练又见到了我，一个本不该出现的人。趁他还没把我轰走，我抢先恳求：“初试只是初试，我来都来了，您总得让我再打一打吧。”

教练好气又好笑，一招手叫来一个当时已经拿了全国少年赛冠军的小队员：“那你就打一打吧。”

小冠军用一只手跟我打，把我打得稀里哗啦。我的鼻孔蹿出血，他停下：“擦一擦？”

我一梗脖子，“不擦，接着打！”

打完了，我的鼻血糊了满脸，教练没把我赶走，反而冲我笑：“这个夏天，我带你去打省级比赛。”

后来教练告诉我，选我是因为我的气势好，不害怕。打拳，最重要的是：拳头来了，别往后躲。我没什么技术，但不怕挨揍，敢闯敢拼，加上柔韧灵活反应快，打动了他。

凭少年热血，我如愿以偿，开启了与命运拳脚相加的对峙历程。

因为暴力因素，拳击在中西方都有被禁的历史。当这项运动与一群青春期的莽撞少年遭遇，总会有故事冲动发生。那个躁动的年代，街头火并不是新闻。我进拳击队后，除了自信，还觉得以后在大街上走，腰板更硬。至少从此有一帮很能打的兄弟，我万一遇见什么麻烦，至少有人站起来帮我。

后来才发现，我想多了。我是个不会主动惹事的人，没找人打过架，更不用说拉人帮我打架。曾有的几次斗殴，全是为了兄弟。

“你撞我了，说对不起！”

“撞的就是你！”

那次我和几个省队队友去买日用品，顺道滑旱冰，冰场里有一帮地痞，滑得很是嚣张，和其中一位队友冲撞，两方一言不合就开打。他们人多，我们挨打，冰场老板怕出事，偷偷叫来了警察，他们立刻收手，退到远处观望。我们也顾不上兜里没钱，去大道上招手拦了一辆出租车。

我从眼角瞟见警察走了，那帮地痞不动声色地逼近，想到还有两个女队员和我们一起，我一咬牙："女孩先上车，快走！"

车坐满了，我把车门一甩，一转身向地痞们招手："来！这里！"撒腿就向反方向跑。

这是一场专业拳击运动员和专业地痞的对决，我一路狂奔，拖垮了人多势众的"敌方"，等终于被追上，他们已经狼狈不堪，根本没力气打我，我就以拳开路，终于脱身。

热血青春，街头少年的惊险桥段后来又上演过几次，但我的故事仰仗"我想出名"的引领，最终冲向正途。

2000 年，我以国家队集训队员的身份第一次坐飞机，来到生平进过的第一座大城市成都。新老队友一起逛街，我只顾伸头去欣赏橱窗内的精美货品，没承想让我一头撞上透明的玻璃。玻璃里边是我想要，却得不到的东西，它有着一个残酷而优雅的名字——梦想。它们只属于拥有冠军称号的老队员，因为他们有工资，有特权，有实力，有地位。

要想过有尊严的生活，必须出名，必须夺冠！大城市的橱窗如同梦想的参照物，它对一个无名拳击手的忠告悄无声息，却又惊天动地。

"在你没有成功之前，别和我谈什么尊严！"

十年之后，当我怀揣世界各大顶尖业余拳击赛的金牌，重读比尔·盖茨的心声，禁不住泪水滴落。

2013 年 1 月，我与过去十年间已经实现的梦想做一个了断，抵押上所有的冠军荣耀，奥运金牌，放弃中国式体育明星的仕途官运，再次去追逐一个叫梦想的好东西——成为职业拳击手。

我与莹颖从首都机场抵达洛杉矶国际机场，甫一落地，就看到 HBO、Show Time 等媒体的记者们追了过来，原来我们赴美的消息已经被美国媒体提前获知。接机采访刚一结束，就在 TOP RANK 经纪团队的安排下，乘坐阿鲁姆的私人飞机，向洛杉矶的东北方向飞去。这是我第一次乘坐私人飞机，飞机低空飞行，地面霓虹金光闪烁可见。一下飞机，空气的味道都变了，好像天上在掉美金，赌场、拳赛，嘈杂的声音一齐传进耳朵。

当加长林肯载我们驶入拉斯韦加斯，我几乎立刻就确定，我喜欢这座神奇的城市。这是建立在沙漠边际的财富胜地，全年高温，繁华之下的黄沙告诉每一个踏足的人：这里没有什么不可以，只要你有能力，什么事都可以发生。世界四大赌城之首的奢华与沙漠的死亡气息交织，一面天堂，一面地狱。

我的新教练罗奇伫立于威尼斯人酒店门口迎接，高达 144.8 米的酒店大楼极富现代设计感，又兼顾文艺复兴时期的建筑风格，玻璃帷幕覆面，仿佛镀有一层金色的外衣。充满仪式感，让人感叹的迎接，让我受宠若惊。直到我看到他们包下酒店的整座酒吧改装为我的拳击训练场，直到我看到那方拳台，我忽然有流泪的冲动，对这座沙漠边缘的城市忽然不再陌生。

这里，上演过多少教科书般的拳击比赛。在 20 世纪 80 年代的拳赛胜地凯撒宫，伦纳德 14 回合 TKO（技术性击倒）对手赫恩斯；拳王阿里的老对手霍尔姆斯送他退休。在如今的“拳赛举办专业户”美高梅大酒店，P4P（pound four pound 泛级别，各项技术指标综合评价最高的拳王）之王梅威瑟几乎把每场拳赛都定在这里；帕奎奥也常驻此地，迎战世界各地的对手。每逢重大赛事，全世界的富豪们都聚集于此，以至于机场停满了私人飞机。

职业拳赛的分量与其举办场馆的规格往往相得益彰，场馆在很大程度上也是参赛拳手知名度的象征。在场馆名气与拳手身价的同步消长中，职业拳击的品牌能量得到最直接的释放。

金钱的味道，梦想的味道。

当年重量级世界拳王阿里、乔治·福尔曼，中量级世界拳王哈格勒、赫恩斯、杜兰，如今 8 个级别的世界拳王帕奎奥，以及库托、小查维斯等众多拳王都被一个人统领，他就是世界上最著名的拳击推广人阿鲁姆。他好似一台永动机，始终怀揣着永不熄灭的职业雄心。

阿鲁姆：“我此生最后一次冒险，会放在中国，与一个叫邹市明的年轻小伙子一起来完成这个冒险。”

我：“我是‘80 后’，35 岁的‘80 后’。”

从中国西南边陲的三线小城遵义到美利坚西南部的天使之城洛杉矶，从桃溪寺深山武校的迷茫，到贵阳繁华的丁字街口的闪躲，再到世界上浮华名利场拉斯韦加斯的专荣。但凭热爱，从少年、青年，到中年，一个拳击人与命运交手，辗转腾挪间，梦想的伟大版图激情铺张。

我的大西南，够爽，够野，够自由！

够潮：东岸

我第一次在上海路过提篮桥，随手一指："提篮桥。"

同行的老上海诧异："你怎么知道？"

我老家贵州厂区就有个"提篮桥"，它为什么会从遥远的华东被复制到大西南？

提篮桥只是一例，除此之外还有白公馆、杨浦、上海路，都是我再熟悉不过的地名。

生于贵州的小县城绥阳，却对大上海的地名耳熟能详，这是件很魔性的事。求学时期，生活在遵义，每天行走于"上海路"，这也是件很魔性的事。

今年年初，我最终和莹颖带着轩轩和皓皓在上海定居，这就更魔性了。

这种魔性，是天定人为重叠而成的缘分。缘分一端是我这个西南腹地大山里的孩子，另一端是祖国东海沿岸的东方巴

黎——上海。

20 世纪六七十年代，一个政治决策将中国城市群落中的一线与三线牵连在了一起。“备战备荒为人民，好人好马上三线。”在一场声势浩大的报效祖国运动中，许多人，乃至其二代的命运由此完全改变。

当年，国家在第三个五年计划里提出“全面重点抓好三线建设”。沿海地区是一线，中部地区是二线，西部纵深地带是三线。从 1964 年到 1980 年，几百万工人、知识分子、解放军官兵，浩浩荡荡开拔至涉及 13 个省和自治区的“三线地带”。

“这些三线年轻人其实是很可爱、很本分的一群人，乖乖地从一个地方挪到另一个地方，本来都是不该发生的事情，但就是发生了，还成了历史。”

这句话出现在《薄薄的故乡》最末几页，说的就是知青支援三线那段历史。书的作者是导演王小帅，他出生两个多月便随父母从上海去往贵阳，之后在贵阳生活了 13 年，是个血统纯正的“支二代”。

有着东方巴黎美誉的上海，在 20 世纪六七十年代共和国经济版图中，依旧保留着大都市的底气。各种印刻着“上海制造”的商品满足了国人对物质与时尚的所有梦想。“上海”和“上海人”也代言着无上的优越与体面。那些被政治强改居住地的上海男女，就像自梦幻中被迫醒来，根虽在异乡扎下，真心融入却难。所以，才有了他们将家乡的地名搬迁到居住地“扎扎台型”，也有了他们坚持教子女说沪语以区别于三线孩子的“划清界限”。对于他们，开启的是一场与政治、与命运、与岁月展开漫长撕扯的“上海梦”。

妈妈是地道的贵州人，却说得一口地道的上海话。只因她的身边围绕着上海人，她的同事、干女儿，我的干爸、干妈，全是上海人。

干妈是妈妈的同事兼好友，非常温柔，随时随地都是一张笑脸，用上海话说，很“嗲”。干妈有个女儿，上海人对女儿特别宝贝，直到上小学，干妈还喂她吃饭。相比之下，我和妈妈却完全亲近不来。

妈妈乐于换一种方言说话，乐于去交际上海来的人家，像上海人一样爱面子，像“上等人”一样爱干净甚至有洁癖，也嫁给了颇具海派风度，精细又严谨的爸爸。

爸爸是工程师，那个年代的知识分子，凭不断自学走上工作岗位的一线。支援三线期间，一群年轻人像河沙被洪流冲走并沉淀到贵州，他就是其中的一粒——虽然他并非来自上海，而是湖南长沙。

湖南迁居而来的爸爸，最终和妈妈在风华厂区成家，于是我在未出生前，就已经被预定了一个军工厂里的童年。

我家所在的厂区编号是531，属于风华电冰箱厂。风华是贵州的驰名品牌，厂区效益很好，总能供应一些稀有物资，加上周围上海人多，我从小就得天独厚地接触到很多其他小城市孩子见不到的好东西。

“哟，名牌呀，不错！”

在桃溪寺武校期间，一个师兄瞥见我的洗发水，顿时刮目相看。

那瓶妈妈给我买的洗发水是力士牌，还不是便宜的袋装，而是昂贵的瓶装，当时我对牌子没概念，后来才慢慢学会衡量“牌子”和“面子”之间的关系。

妈妈是厂区幼儿园一名极端负责的老师，她将对所有孩子的期许统统倾注在自己的儿子身上，并强制这些期许能够实现。在进一步对照上海同事诸多家庭经验的基础上，她设定了对于我的基本要求：性格乖巧，学习优异，举止有度。只不过，每次见到我，见到我的成绩单，她又从梦幻跌落现实——儿子不能成为大家心目中品学兼优的完美男孩，这一点都不“上海”。

“以后他的家长会，都是你去！”

这是妈妈第一次，也是最后一次为我开家长会后，劈脸扔给爸爸的一句话。

531 厂区很小，小到邻里之间昨晚餐桌上有几道菜都互相清楚。被最大化压缩的生存空间里，妈妈格外在意别人的眼光。而她面子上最大的痛点，就出在我身上。她最不愿面对我的学习成绩，太差，让她太没面子。

家长会那晚，我识时务地早早装睡躲避一顿打骂，然而躲过了一晚，躲不过整个童年，每次妈妈骂到我脑袋嗡嗡作响时，我总是幻想妈妈和干妈互换一下：妈妈能得到她想要的乖乖女，我也能从干妈那里得到温柔的鼓励，一举两得。

还是上海的妈妈好。于是，我和妈妈一起向往着上海了。

虽然从妈妈那里继承了上海梦，从小又在很“上海”的氛围下长大，但我与上海实实在在的缘分，还是从正式考入遵义体校学拳击，走上海路去体校上课，正式起步的。

对我而言，上海路上有两个基本点：舅舅家和体校。舅舅家在途中，体校在路的终点。上海路沿途多是军工厂，高挂“长征一厂”之类的牌子。路的名字虽然洋气，实则并不具备上海十里洋场那种繁华，不过这并不降低它在我心中的美好指数，毕竟它通往我的训练场，是我的成长和进阶之途，也是我和莹颖的相识之路。

超人妈妈莹颖的小学和中学时代都在上海路度过。在相遇前漫长的时间里，不知我与她是否曾经擦肩，但命运用事实说话：我们终将一见，在钟情之前。

当然，这是后话。

考入体校后，我每个星期都去舅舅家。1996 年亚特兰大奥运会的体操比赛，我就是在舅舅的单身宿舍守着电视机看的直播。那一届，“体操公主”刘璇拿了冠军，升国旗奏国歌时，我还跟着一起唱，一起流热泪。当时怎么也想不到，1996 年我还躺在沙发上感受奥运，2004 年我自己就成了参加奥运会的人，还连战三届，斩获两金一铜。

幸运的是，当我的拳击梦开始扬帆的时代，故乡贵州已然是中国轻量级拳击人才的重镇。

“看看，这一桌子上全是贵州人，48 公斤级的奖牌一块都没丢！”

2001 年，九运会，站在 48 公斤级拳击领奖台上的全是贵州籍运动员。赛后喝庆功酒，其他队队员望着我们这一桌，羡慕不已。何其辉煌的一幕，贵州拳手包揽前三。

其实，其他队里，也有不少贵州“自己人”。贵州拳击 48 公斤、51 公斤、54 公斤的小级别非常强势，当时全国比赛抽签，最怕抽到贵州队，还没上拳台，就已经提前知道了结局。

贵州拳击好苗子多，苦于经济不发达没钱培养，就把不少队员作为交流生，交流给其他队：福建、陕西，当然还有上海。每逢全国大赛，拳台就如战场，来来往往的枪炮子弹，全都出自一家军工厂。

除了交流运动员，另一种合作方式就是联合培养。我身在贵州队，同时也归属上海体育学院麾下。上海出钱培养，运动员取得的成绩由黔沪平分——我 2008、2012 两届奥运会金牌，也是一半归贵州，一半归上海。

上海，素来体育明星辈出：刘翔、姚明、吴敏霞、王励勤、潘晓婷、刘子歌、郜林……就是在他们还没全部冒尖的当年，体育圈里也皆知上海“体育大市”的名号。那些年，我们需要去国内任何省份，甚至赴任何国家出境训练，只要上海能做到，就一定为运动员达成。

有了联合培养这层关系，我和上海愈发亲近。上海，不再只是妈妈爱讲的吴侬软语、干妈嗲嗲的笑脸、徒有其名的上海路，而成了实实在在的检录名单上运动员邹市明的所属单位，以及有着出境集训的衣食住行无忧、真金白银保障的训练效果。

“妈，想吃什么就吃什么，想买什么就买什么！”

2000 年，我在比赛中拿到第一笔可观的奖金：一个冠军、一个亚军，奖金共计 18000 元。当时我穿得很土，一身军大衣，坐在摇摇晃晃的椅子上面，眼前浮现出周星驰主演的赌片《上海滩赌圣》中的画面。电影里周星驰一袭白西装，在豪华软椅上坐得胸有成竹。我揣着我的第一桶金，觉得自己就像赌圣一样，踌躇满志。

我花 2000 元给自己买了一部摩托罗拉手机，又留了 1000 元零用，剩下的全部打回家里，给妈妈随便花。当时，好多同龄人的家长正焦头烂额，准备花大价钱送他们去读大学，而我已经能贴补家用。那个从前只能害妈妈在家长会上丢脸的儿子，终于给她挣了一次面子。

“我儿子现在……不用我们担心了。”

妈妈终于不再担心，因为我用成绩和奖牌向她证明，她儿子学拳击不是去挨打，而是去打赢别人。这一点儿在我最初向她透露学拳击的意向时，她是万万想不到，也不肯相信的。

“妈，我想学拳击。”

“拳击那么血腥，小个子，我不放心。你学拳击，我睡不着觉。”

“行了，为了让您睡好觉，我不学。”

一转身，训练照旧。

那时我偷着转学拳击，在省体校和桃溪寺之间奔波，全程都瞒着妈妈，滴水不敢漏。不过或许是母子连心，其间有一晚妈妈做了噩梦，梦见瘦小的我和大块头打拳，满脸血肉模糊。她哭着

从梦里惊醒，第二天就跑来桃溪寺看我，好在我安然无恙，顶着烈日在操场上跑圈。当时正值暑假，我给自己加课。

“妈，我上武术训练课呢。”

其实是在备战贵州省少年组拳击比赛。

比赛打完，我拿了第二名，捧着银牌，犹豫着要不要献给妈妈。保险起见，终究没说。那年是1996年，我15岁。后来我又参加全国比赛，拿了金牌，也一直瞒着。可惜厂区太小，总有人消息灵通，于是喜讯很快传开。妈妈就是在无限懵懂的状态下，被厂里同事叫起了“冠军妈妈”。

听到“冠军妈妈”这四个字，她终究很享受。在同事们欣羡的眼神里，她真的有了面子——她一直想要的面子。不过当然担心我受伤，也恼火我瞒她。即便2000年，收到我寄回的一万多元，嘴上说不担心了，眼睛还是仔细端详，查找我的伤口。从我戴上拳套至今，21年，她就一直这样提心吊胆地体面着。

二十多年了，我在拳击圈子站稳脚，从奥运体制到职业体系，拼的就是这样一份惊心动魄的体面。我受到别人的认可和尊重，完全是靠这一双拳头。拳击改变了我的人生，也将主宰我的命运。

如同父亲母亲就是故乡的代名词，再大的体面最终都来自故乡贵州的全方位滋养，从天赋到灵魂，从气质到精神。当我追循着拳击的指引，从专业运动员退役，转战职业赛场。美国东岸的一座城市，成为我海外职业首秀的地点。在这里，我竟然闻到了与上海相似的味道。

它，就是纽约。

在拳击文化发端地的美国，纽约历尽拳击运动的变迁，成为名副其实的拳击之都。1921 年“巨人杀手”邓普希吸引超过 8 万名拳迷现场观赛，令拳击史上门票收入第一次突破百万美元大关，纽约市第二年便宣布拳击合法，并迅速执拳击运动之牛耳。

一位真正的拳手，如果没有在纽约麦迪逊的赛场上打过比赛，职业生涯就不完整。2016 年初夏，我从上海直飞美国东岸，职业生涯第一次出国征战，就在纽约麦迪逊花园广场。

麦迪逊花园广场素有“拳坛麦加”之称，泰森、琼斯、弗雷泽等传奇拳手都在此留下过经典战役。

How many roads must a man walk down

（一个男人要走过多少路）

Before they call him a man

（才能被称为真正的男人）

How many seas must a white dove sail

（一只白鸽要飞过多少片大海）

Before she sleeps in the sand

（才能在沙丘安眠）

The answer is blowing in the wind

（答案就是它在这风中飘扬）

鲍勃·迪伦的这首《风中飘扬》（*Blowing in the wind*），其轻快的吉他和弦伴着沧桑的吟唱，碾过我的心田。

当年做着上海梦的我在上海有了自己的家，当年求学上海路的小姑娘成了我的专属执行官，我两个儿子的超人妈妈。

山与海的脉动之间，这一场中国西南至美国东岸的生命跨越，转瞬已 20 年。

第二章

偶像

红色文化与拳击文化，
共同预热了我的出场。

渡我

“邹工，邹工程师！”

小时候，父亲的同事会在我家楼下叫“邹工”，叫得整个风华厂区都听得见，知道“邹工”是个老实勤勉的工程师。同事每次来喊，母亲都很高兴，我也很高兴。

父亲祖籍湖南，三岁就随支援三线的祖父母定居贵州。他是否想家？从出生就被安排命运的他，是否心有不甘？这些他从未说起过，也不形于色。在我童年印象里，父亲脸上始终是同一副表情，永远淡定。

每天下班回到家，他基本不说话，拿起笔就在灯下画图纸，脸和图纸贴得很近。当时没有电脑，一对肉眼和一双手，就是图纸精确度的唯一保证。

正是工程师父亲的内敛与细腻，传承给我专业层面的忍与韧。虽然当时的我尚不谙“专业”为何物，但在后来的拳手生涯中，我常觉得自己身上有父亲的影子：我千百次挥拳，正如他对一个零件反反复复校准；我反复揣摩古巴、俄罗斯拳手的比赛录像，脸几乎要贴到电视屏幕上，就像他在灯下绘图，几乎把脸贴到图纸上。

我是一名“80后”，从小最熟悉的就是金庸古龙，武侠世界。83版电视剧《射雕英雄传》，电视台连年重播，让人一听片头曲就条件反射般热血沸腾。我对里面的黄老邪尤其印象深刻：有本事，不解释，被柯镇恶浓痰唾面仍不失半分气派：“我黄药师是何等样人，岂能跟你一般见识？”我觉得父亲就颇有几分这样的气场。

父亲的业务水平没得说，在单位里兢兢业业。唯有他不善言辞、从不奉承这点让母亲特别焦虑，也埋怨不已：“你怎么就不会和领导说点儿好话？你说了职务就上去了，不光是工程师了！”

父亲做事太踏实，不会像母亲一样知晓变通。我喜欢父亲的踏踏实实，却也向往母亲规划的“升职加薪，走上人生巅峰”的套路。我希望父亲可以不必“变节”，还是可以像金子一样发光。没想到当这个机会终于到来时，却是我拖了他的后腿儿。

我上三年级时，一家外企想挖父亲去深圳发展，那时我正处在青春期的叛逆当口儿，开始反抗母亲的强势威权，家中冲突不断。父亲怕他走之后我和母亲针锋相对，出什么极端的事儿，毅然拒绝高薪聘请，关闭了一扇通往更广阔世界的大门。

沉默的父亲，为了我，在命运的垂青之下任性了一次，此后机会再也没有到来。

父亲放弃了大好机会，依旧不曾解释什么。他第一次将我视为成人而展开的对话，已是数年之后，我初中毕业之际。

“儿子，你读武校这两年，把家里的钱都花完了。你看你怎么想，要不去学开车？学一门手艺？”

难得父亲专门找我谈话，我却一点儿都没听进去。父亲要我在学开车和学手艺之间做个二选一的选择题，我的答案却是第三个选项：“爸，我做什么事情都没长久过，但是拳击我真的非常喜欢。已经有教练说我可能会进省队，我不想放弃。”

那年我才十几岁，却因拳击而有勇气去争取自己命运的主宰权，做出了一生最大也最正确的决定。不过，我的坚持只是决定的一半，如果父亲执意要把我培养成司机，我也只能认命，但父亲沉吟半晌，终于还是带着我直奔上海路，去找舅舅借了3000元钱，交上学费，让我在体校里复读初三，等待开学后省队的选拔。

开学两个月后，省拳击队果然来地区选拔人才，我也果然被选入省队。

“决定我们命运的，不是我们的能力，而是我们的选择。”

后来我在《哈利·波特》里看到这句话，觉得完全说中了当年的父亲和我。

拳击路途上的转折点，在父亲的继续扶持下，我的修炼之路幸未中断。父亲是我人生的第一个偶像、我的出资方，更是我的贵人。

很多人人生的第一个偶像都是父亲，“父亲”穿越时空之限、年代之隔，是最当之无愧的国民偶像。在“父亲”之外，江山代有人才出，各为偶像数十年。

我人生中的第二个偶像有许多别号：星爷，周星星，喜剧之王……每一个拿出来都响当当。

跑去录像厅看周氏无厘头喜剧，学他的台词，模仿他的动作，称他为偶像，那些年，很多人都和我一样。可见，“80后”，无比个性的一代人，在选偶像这件事上却相当抱团。

“能不能挡一下再死？”

“只能一掌打死！”

三十几年前，周星驰年少潦倒，挤在群演中间当人肉背景板，露不出头角来。在83版电视剧《射雕英雄传》里，他饰演被梅超风打死的小兵，向副导演提出：可不可以用手挡一下九阴白骨爪，第二掌再死？被骂浪费时间。

副导演也没骂错。身为观众，我看《射雕英雄传》时，眼睛里关注的也只是靖哥哥、蓉儿、黄老邪，又怎么会注意到被黄老邪的瞎眼徒儿一掌打死的那个小兵？

然而就是这个小兵，有着我们都曾经历的过去，却打拼出了我们想都不敢想的未来。从跑五年龙套才勉强出头的星仔，到“我们都欠他一张电影票”的星爷，我们都曾与他相像，后来他却成了偶像。

在桃溪寺武校期间，去录像厅、镭射厅，追看周星驰的新电影，是所有学生都心向往之的休闲调剂。我至今都记得，门票3元一张，定档黄金时段，连放四五部片子，部部都是周星驰。我们一进门，看了一部、两部，还不够，直看到错过末班车，不得不走回武校。路上，我们雀跃着把电影里所有的经典镜头重温一遍，尤其喜欢背台词。

“小弟对你的景仰，犹如滔滔江水，连绵不绝，又如黄河泛滥，一发不可收拾！”

至今还记得《鹿鼎记》里的这句台词，说的时候要拿好腔调，把“滔”和“连”两个字拉长，为的就是那份无厘头的神韵。

模仿是我最初接近偶像的方式。我模仿电影里的他，模仿得越像，越觉得自己成了主角，成了他。背台词只是入门功夫，我还独有自己的两份“得天独厚”。

他姓周，我姓邹，贵州话不分平舌卷舌音，我和偶像又近了一个声母的距离。

我人生第一张身份证照片，十七八岁，年轻的我，还非常像他年轻的时候。就为这份相似，全民吐槽证件照的低颜值时，我从没跟着喊过丑。可惜，换第二代身份证时，那张身份证被收走。不过那个时候，我也早已不再通过模仿他去追求表面的相像。

那时我已经明白，让周星驰成为一代人乃至几代人的偶像的根源，不是相像，而是共鸣，各种各样的人都因为这份共鸣而成为“星迷”。他的故事给过我启蒙式的影响，我也以我自己的方式去理解他。

“因为我什么都不怕，所以很多人都说我有神经病。”

《回魂夜》这句台词，我小时候只觉得有趣，笑得前仰后合，多年后却听出沉重的意思。这样的台词还有很多，充斥在每部周氏喜剧里。十几年过去，我简直不敢多看周星驰的电影，那样的电影看多了，非变成一个有故事的人不可。

2016年十一黄金周，我在紧锣密鼓的训练中偷闲去自驾游。归来时夕阳西下，虽然开心，更有不舍和眷恋：为什么假期时光总是稍纵即逝？如果时光倒流该有多好……在车上颠簸着入梦，梦中网购了一只月光宝盒，大喊："菠萝菠萝蜜！"宝盒却开口鄙视我："我乃月光宝盒，你对着夕阳嚷嚷个屁！"

梦醒了，夕阳已经化为月光。回到现实，明儿踏踏实实训练吧！

父亲、星爷，我的两个偶像都很现象级。至此，"拳王邹"人生大戏的两位偶像到齐，接下来出场的两位也是偶像，只是我更愿意称他们为"精神领袖"。第一位精神领袖，其实也是我偶像的偶像。

"I服了You"、"有没有搞错"、"我有事走先"、狗都叫"旺财"、蟑螂都叫"小强"等等殿堂级别的"梗"，出处全是星爷的电影，也只有星爷想得出。这些今天看来理所当然的日常，其实都是他用想象力创造的奇迹。为什么灵感闪现的那一瞬，他的创意会以这种姿态迸发？我从前也只是觉得不可思议，直到看他的传记才恍然大悟。

"到现在我都很喜欢毛泽东的诗词，虽然没有全部读过，但我认为他是个好伟大的诗人。"

星爷曾表示，毛泽东是他心目中的偶像。原来他阿妈每天三餐时都会唱毛泽东诗词给他听，给予他的艺术创作非凡的创意能量。"星妈"凌宝儿来自广东宝安县（今深圳的前身），个性坚韧，对毛泽东诗词甚为迷恋，最爱的是一首《蝶恋花》。

《长江七号》之后，星爷已经很少在影片中露面。后来又有《西游降魔篇》《美人鱼》等作品，尽管他没有出演任何角色，我看的时候还是能感觉到他的归来：还是爱开无厘头玩笑，还是喜欢一本正经地胡说八道，只不过开玩笑和讲歪理的他已经坐到深深的幕后。

《美人鱼》的一张宣传海报上，“四海翻腾云水怒，五洲震荡风雷激”烫金大字占了整壁版面，掀浪翻沫的深蓝海面做陪衬。星爷说，这句诗是他的座右铭。

看着这幅海报，我脑海里像闪电一样亮起了上下句：“一万年太久，只争朝夕。四海翻腾云水怒，五洲震荡风雷激。要扫除一切害人虫，全无敌。”

这几句引自毛泽东1963年创作的词《满江红》。我也背过，也喜欢。毛泽东就是我偶像的偶像，我的精神领袖。

周星驰对毛泽东的崇拜偏于艺术写意，我却颇有些“迷信”色彩。或许是因为贵州多秘境，为我提供了“迷信”的语境，正如《贵州秘境》所写：“贵州的历史就像混沌未开的人类童年一样难以捉摸。这片历史上曾诞生或出现过诸如夜郎国、且兰国、罗氏鬼国、鬼方、苗疆等政权与别称的山地，人们的认知难免充满寓言式的猜想。”

张艺谋的电影《千里走单骑》，片名就是一出傩戏传统剧目，全片更是围绕这出傩戏展开。傩戏起源于商周时期，特色在于用木雕或兽皮制作的面具塑造人物形象。贵州自古传承以诡秘著称的傩戏，融合了巫、佛、道、儒等多元文化，古朴、粗犷而又

神秘。

贵州有巫文化浸染下的傩戏，有喀斯特地貌秀丽奇异的溶洞，又是传统红色革命老区。这里的红色文化神秘又强悍，我正是为这种力量所感召，带着敬仰和信服，将毛主席尊为我的精神领袖。

千山万水，我的手机中总会下载有毛主席诗词的 App（手机应用程序），以随时激发一颗斗士沸腾的心灵。

> 暮色苍茫看劲松，乱云飞渡仍从容。
> 天生一个仙人洞，无限风光在险峰。
>
> ——《七绝·为李进同志题所摄庐山仙人洞照》

> 山下旌旗在望，山头鼓角相闻。
> 敌军围困万千重，我自岿然不动。
>
> ——摘自《西江月·井冈山》

毛泽东诗词以军旅题材居多，笔下乾坤兼具瑰丽雄浑，但诗中气象比起他的军事实绩，却又相形而逊色。他的军事天才，高明战略，指挥作战，有勇有谋，诗书铁血，游刃有余，始终令我崇敬不已。

“一个‘80 后’，也会这么崇拜毛主席？”

很多人诧异，年轻的我竟然会对毛主席怀有在老一辈人身上才能看到的深厚感情。大概他们不曾考虑到，作为大伟人的小粉丝，我还有另一重身份：遵义人。

在红色革命史诗中，贵州遵义独享一份光荣。1935 年长征途中，遵义会议确立了毛泽东的领导地位。会议过后，红军四渡赤水、周旋千里乌蒙山，以神来之笔的战略战术化解数十万敌军的围追。

挽狂澜于既倒的奇人奇迹，与多秘境、多传说的黔地山水发生了奇妙的反应，为一段革命圣地的军史奇闻更添几分神化色彩。

遵义是毛泽东的福地，更是中国革命的转折之地。1935 年从遵义会议会场里走出并走进史书和教科书的伟人，他们脚下踏过的泥土在几十年后也印上了我的鞋印。这份神妙的维系，让人不得不遐想一番，更何况我还是个“迷信”的人。

我相信毛主席诗词能为我注入力量，毛主席的像章更是我最深切的心理依赖。打入拳坛以来，大赛前夕，我总要去遵义会议旧址求一枚毛主席的金质像章，端端正正佩戴在胸前。这一佩戴，寄寓的并非近年来微博、朋友圈里流行的“转发锦鲤有好运”式的盲目托付，而是基于崇敬，臻于共鸣，归于学以致用的心理加冕。

胸前的毛主席金像，陪我十余载擂台交战，一路打下来，我以之为傲，更以之为师。

“把它戴上，毛主席专门打外国人，他的精神在里面！”

2003 年，我在菲律宾打奥运会选拔赛，当时的队长递给我一枚纯金的毛主席像章。我戴着它，顿时感到有奇力自心底升腾。那一次，我打赢了。有毛主席为我“开路”，我从选拔赛脱颖而出，有资格叩响奥运会的大门。

从那以后，每逢大赛，我都会佩戴毛主席像章，上场之前把它取下，放进行李包。这个仪式色彩浓重的举动，未必真能帮我分泌更优质的肾上腺素，却让我总有精彩的发挥，这大概是因为我对毛主席不仅有敬仰，更有学习和体会。

毛主席在遵义期间形成了高度灵活机动的战术，这种机动战、运动战的打法，和我以灵活为王牌的拳击战术不谋而合。正是这种灵活，让红军在危急关头稳稳地控制住节奏，实现了绝地逢生。正如我在拳击擂台，出拳全看零点零几秒之内的反应，我往往会比对手多想几步，准确预判对手下一秒的行动并有所部署，到最后拳路走向完全取决于我，把对手捏入股掌之内。

体魄、速度、耐力、技巧，凡此种种，都还局限于身体层面。肉身之上，胜负还关乎意志乃至灵魂。而在这一维度，毛主席给我的启发，在于“控制”。

既能因地制宜，又能逆势而动，控制自己，控制对手，控制周边环境，控制外来压力，控制所有因素，自己预演，自己实现，自己反馈，自己论证，高度的场控能力，让他可以以少胜多，让我可以以弱胜强。

无论如何，经过几次实战，毛主席像章在我心中的分量远不只是吉祥物，更是一种权威，一份信仰。那是我引以为精神领袖的毛主席，一个从新中国革命时期起就注定要立于神坛的传奇人物。像章能庇佑吉祥如意，却不同于年画里的万事大吉，更多的是精神王国的铁血气息。面对庄重的红色力量，每次大赛之前，如果不能去遵义会址求一枚金像章，我心里面总是颇不安定。

2012 年伦敦奥运会之际，我忙于备战，无暇回到遵义求像章，细心的莹颖深知我心中的牵挂，就代我跑了一趟贵州。

遵义会址里有一个专门经营纪念品的地方，在那里可以求到毛主席像章。像章有金的，也有银的，但我从来都只求金的，寓意拿金牌。

这一年，莹颖去求像章时，发生了一段小插曲。当时，有人劝她还是不求为好："你在遵义求一个毛主席像章，就意味着转折。你求了，他的运不就转了吗？"

2008 年北京奥运会，我已经成功夺冠，伦敦之役求的是连胜卫冕。面对"转折"的风险，莹颖思量再三，还是决定依照惯例为我求来一枚金像章。后来，她又不辞辛苦，跨越山水，把像章送达伦敦。当我将像章佩戴在胸前的那一刻，仿佛一种神奇的能量注入了我灵魂的神经末梢。

事实证明，我的卫冕之路没有转折，倒是毛主席的光辉一贯灵验。

自湖南至贵州，是父亲的西游。突出重围，长征万里，是毛主席的西游。从《大话西游》至今，星爷的《西游》仍未落幕。

父亲、星爷、毛主席，我的两位偶像和一位精神领袖，我对他们，说是"迷信"也好，说是无条件却有方向的信仰也罢，在我生命的不同阶段、生活的不同领域，他们都曾以不同的方式渡我一程。

2013 年，我也开启了自己的西游。黔地多雨，驭风西行，带着我的风云变幻，划过大西洋的洋流潮汐。这一去，是奋斗，是革命，也是追梦。

我泣

“他们没有告诉我谁将点燃圣火，但是当我看到是你时，我哭了。”

说这话的人是时任美国总统克林顿。

克林顿哭了，我也哭了，很多人，黑人、白人，拳手、拳击小白，都哭了。

这就是阿里。

1996 年亚特兰大奥运会，我在贵州上海路舅舅家看的那一届，开幕式上点燃圣火的人就是阿里——穆罕默德·阿里。当时阿里已经身患帕金森症，双手因病痛而颤抖不止。圣火映照下，老拳王动作迟缓、双手颤抖，神情却坚毅如昔。当他用手中的火炬点燃奥运圣火时，全世界人民都为之动容。

那一刻，我也为阿里所感染，不谙世事的少年竟然潸然泪落。我的泪点不只是英雄迟暮，更是对比之下的今昔落差——当时我在桃溪寺武校里看过阿里早年的比赛录像，擂台上意气风发的他，明明还是个轻狂少年，仿佛一夜之间，竟已沧桑至此。

作为奥运火炬手，阿里人生中唯一一块奥运金牌，却早在 36 年前就不知扔到何处去了。

“我是冠军，我是金牌得主！”

“我们才不管你是谁呢！”

1960 年罗马奥运会夺冠凯旋后，阿里并未像白人冠军那样在欢呼中游行、获得高额奖金，而只是拿到了当地的工商业协会的一纸奖状。他拿着这张纸，和朋友去当地的一家白人餐厅庆祝，结果被拒绝进门，还被警察驱赶。他一怒之下决定再不为歧视有色人种的国家效力，从此再未参加过一届奥运会。

阿里自传中的这一段，我不知读了多少次，每次重读都折服于他内心比风火更暴烈的力量。始于殖民时代的种族歧视，压在 18 岁的黑人少年肩上，恐怕比千钧重拳更能将一个人毁灭。

艰辛逆袭终立于世界之巅，却仍无力撼动成见，若是普通的强者，恐怕早已绝望，可他是阿里，注定只会更加张狂。他用 22 个全球重量级拳王称号，从贫民窟里的边缘人，一跃屹立于世界目光的中心。

助他完成这一跃的舞台，是不同于奥运拳击赛场的另一套体系：职业拳王争霸赛。他 18 岁后再未踏足奥运赛场，却依旧有绝对的资格高举奥运火炬，可见奥运精神不仅能在奥运赛场上闪耀，在职业擂台也一样可以彰显。

1996 年也是我拳击生涯的起点，伟大的拳王与颤抖的双手挑起了我追逐职业拳击的最初欲望，让我初识奥运背后的职业风云。

幸运的是，在我初为拳手之际，阿里就已出现在我的世界里，满足了我对拳击运动的所有想象。不幸的是，当时的中国还未能通过网络联动世界，我纵使再崇拜那位大洋彼岸的拳王，却也只能在电视上一次又一次与我的精神领袖相遇，以极其有限的信息为凭，兀自想象职业拳坛的风云际会。

就拳击运动的起步而言，中国并不比西方世界晚。但中国与阿里的相遇，却令无数拳击迷相见恨晚。

拳击产生于人类发迹之初，公元前5世纪，爱琴海沿岸发掘出的陶瓶上就已有两人相互攻防的拳击图案。在希腊神话中，公元前1000年，雅典王子萨西阿斯就通晓拳术。中国文明绵延五千年，殷商时代，拳击运动就已诞生，名叫“斗”。

进入近代，拳击在1904年第三届奥运会上被列入比赛项目。在中国，近代拳击运动登陆于上海：20世纪初叶，外籍乐师涌入上海滩舞厅，伴舞奏乐之余也会以拳击表演来助兴，人称“西洋拳”。

20世纪，国际拳坛迎来了最伟大的拳手之一：阿里。从1964年在迈阿密夺取首个重量级拳王称号，直到1979年宣布退役，阿里用他从22岁到37岁的人生，在职业拳坛呼风唤雨，令同时代的拳台英雄黯然失色。

然而，直到阿里职业生涯末尾——1978年，中国才开始与世界深度连通；直到阿里退役后的第二年，我才出生。年龄所限，年代所限，我无缘见证阿里职业生涯中每一次的登顶和转折。这份遗憾，或许是时代留给拳迷的残缺美感。

“你都没亲眼看过阿里打比赛，怎么会那么喜欢他？”

很多人喜欢阿里，不幸被疑叶公好龙。但同样很多人喜欢泰森，却不会令人起疑，理由很简单：至少他们在现场直播里见过活生生的泰森，1997 年，他们亲眼看到，在全场观众“霍利、霍利”的加油声中，泰森是怎么把霍利菲尔德的耳朵咬到飙血。

我也没亲眼看过阿里打比赛，但我仍崇拜阿里，以他为精神领袖，因为我是拳手，拳手仰望拳击世界的苍穹，必须第一眼就看到最璀璨的那颗星。

而之所以一抬头就能够仰望拳击世界的苍穹，则是因为我的两个坐标：贵州、上海。上海是近代拳击在中国的登陆地，贵州则是轻量级拳击的王牌部落。两地都在中国拳击文化版图中占据重头格局，而我有幸立于它们的交叉点。

“贵州拳击是最令人放心的。”

国家拳跆中心拳击部部长李频如是说。

国内拳坛素有“贵州拳击，撑起中国拳击半边天”的说法，贵州清镇训练基地是国家拳击队夏季训练的重要阵地。从参赛队员、训练模式，到后勤保障，整个中国拳击队都打上了浓重的贵州烙印。

拳击爱贵州，贵州爱拳击，所以纵使身处桃溪寺深山野校，我还是及时看到了阿里早年的比赛录像。渣画质、失真的色彩，共同提示着它的时隔久远。在那个虽已逝去但永远属于他的年代，阿里穿着因黑白画面而分辨不出颜色的拳击短裤，如钢铁黄蜂用

利刺蜇人，将对手轻松 KO。

进入 21 世纪，很多人说："阿里？过气了。"

20 世纪末他抖动不止的双手，已经在奥运圣火的见证下宣告了命运的残酷：傲立拳坛之巅的王者，曾经压制整整一代拳击手，最终却无法控制自己的双手。

诚然，阿里的拳手生涯在 37 岁就已彻底告终，但他时隔 17 年出现在亚特兰大，点燃奥运主火炬；2001 年，导演迈克尔·曼拍摄了以他为原型的电影《拳王阿里》。江湖中，他的传奇从未离去，即便是异国他乡不关注拳击的人，也很难对"拳王阿里"这个名号没有印象。

他的盛誉，就像诗中的大风雪，用最短的时间走遍了天下的路。这是因为他的成就远远超脱于拳台对垒之上，他绝不仅仅是为了击倒对手而战，更是为了忠于信仰而战，为黑人群体而战，为公平和正义而战。

所以，只要世界上还存在歧视，还存有对公平正义的诉求，阿里就永远是普通人的力量源泉，更是拳手的精神领袖。

"我绝不会跑到万里之外，去谋杀那里的穷人……我想要自由，你们不给；我想要公正，你们不给；我想要平等，你们也不给……在美国，你们没有保护我的权益和信仰，现在却让我去别处替你们作战！"

20 世纪 60 年代中期，阿里投入反战运动，他在媒体上公开宣称拒服兵役，被法院吊销拳击执照。此举迫使他暂别拳台，却成就了他远远超出拳击范畴的影响力，让他晋级为人道主义事业的英雄。

阿里反对战争、解救饥饿、为他的肤色感到自豪，这使得很多非洲丛林国家将他奉若神明。我的一位朋友就在非洲，入籍当地的马赛人家族，当地人曾举行了一个盛大的活动，主角之一是阿里，另一个是奥巴马。如果没有阿里为黑人争取权益奠基，恐怕也就没有后来开创历史纪元的黑人总统奥巴马。

阿里是斗士，但他用肢体可以打人，也可以作诗，我歌我泣。知道吗？阿里可是知名的诗人。每场比赛之前，阿里都要写一首打油诗赠予对手，一为放松自己，二为干扰对方。

“当你来比赛，别挡着过道，别挡着门，因为阿基·摩尔会在第四回合跌倒。”

这是阿里写给他进入职业拳坛后的第一个对手，前轻量级世界冠军阿基·摩尔的打油诗，还挺押韵。

“你太丑了，大家看，连他出的汗都倒流离开了他的前额，为了躲避他那张丑脸。”

这是阿里挑战利索尼·利斯顿之前临场发挥的打油诗，意蕴请自行体会。

所以，“你都没亲眼看过阿里打比赛，怎么会那么喜欢他？”这个问题，太简单了。阿里是英雄，却又有童心。他是拳手、诗人、演说家、嬉皮士、人道主义英雄，他的一生，丰富而丰满，这样的他，可敬又可爱。

更何况，阿里与中国有缘。在中西方现代拳击文化交流史上，阿里是伟大的使者。

1979 年，阿里以美国体育大使的身份来华访问，游说中国参加 1984 年美国洛杉矶第 23 届奥运会，还提出要在中国搞一场世界拳王争霸赛，他本人包销 1 万张门票。

由于当时北京和上海都不具备相应条件，这个提议只能作罢。但如果成真，相信中国拳迷会更喜欢他、更早喜欢他，会有更多拳手把他奉为精神领袖。

阿里收放自如的强悍、宏大而细腻的人生格局，牵引我从一个唯唯诺诺的自卑男孩，一步一步，坚持拳击梦想，得到肯定，夺取荣誉，收获鲜花和祝福。他的精神内化成我的力量，引领我走到今天。

追随这位精神领袖的足迹，20 年后，我从奥运赛场转战职业拳坛，接受了阿鲁姆——曾任阿里经纪人——的邀约，走上了和偶像一样的路径，以我的方式，向他靠近。

2013 年，我进入美国本土——洛杉矶，与阿里的地理距离缩短，心灵的距离也不再遥遥。我能感受到阿里的气息，能从阿鲁姆口中得知他每个阶段的故事，我觉得自己离他越来越近。同时，随着对西方拳击文化有了身临其境的了解，我更深刻地明白：为什么只有美国，才能“生产”出阿里；为什么在美国，阿里最有“销路”。

我进入洛杉矶的拳击训练馆，在停车场放眼望去，有奢华光鲜的宾利、劳斯莱斯，也有密密麻麻不知名的普通轿车。一目了然的贫富差距，却在进入拳馆那一刻一笔抹去。

一家拳馆，科比也去，金像奖影帝影后也去，隔壁邻居的远房亲戚的同事、靠领政府救济金度日的某史密斯也去。无论你来自帝国大厦、NBA（美国国家篮球协会）赛场，抑或奥斯卡红毯，在这里，所有头衔统统格式化。

没有包厢，没有 VIP（贵宾），没有明星，也没有普通人。墙壁布满拳手和拳击经纪人的贴图，人人都是拳手，人人都是拳击发烧友，完全融合在拳击的世界里。

当然，拳馆也收费，30 美元一个月，觉得高？没关系，5 美元一个月也不是不可以。低至形同虚设的门槛，最大限度地包容了穷富、老幼、男女，当然也包容了黑人、白人、黄种人。

国内的拳击推广，不缺钱，不缺场地，缺的或许正是这一份悟性。美国酒吧的周末电视，总放映棒球、拳击、橄榄球、篮球……我们周末到酒吧里，满眼全是娱乐节目。

美国是一个从骨子里热爱体育的国度，本来就传承着向往自由平等的基因，而阿里作为英雄，与时势互相造就，激发了这些基因，使之叫嚣沸腾。这里的人，特别认同要通过一个人的奋斗历程来对他进行评核，他们善于塑造英雄，更善于崇拜英雄。一旦有英雄诞生，他们会肃然起敬。

没有贫富，没有色差，没有阶级，今日美国拳击圈，一如阿里所愿。

在洛杉矶苦练期间，我无数次想登门拜访阿里，但考虑到他正在休养，也深深感到自己的登门师出无名。

“等拿了金腰带，我一定向阿鲁姆请求，去拜访他！”

我无数次念叨这句话，就像背诵灵验的咒语，我激励自己，

一定要尽早以职业拳王的身份，去拜访我的精神领袖——阿里。

但当我渴望用金腰带作为礼物拜访他时，一个噩耗般的消息粉碎了我的这个执念。

“经过与帕金森氏病长达32年的斗争后，阿里今晚去世了。”

阿里家族发言人鲍勃·刚奈尔宣布了阿里去世的消息。亚利桑那时间2016年6月3日，一代拳王穆罕默德·阿里因病辞世，享年74岁。

6月7日，纽约市长将纽约麦迪逊花园广场西33号路命名为“穆罕默德·阿里路”，迟来的我唯有在广场大屏幕前悼唁。

纽约时间6月10日下午，阿里的葬礼在他的家乡肯塔基州刘易斯维尔举行。一天之后，纽约时间6月11日，我的首场海外职业赛在阿里曾经的战场——纽约麦迪逊花园广场——举行。

虽然这不是一场尽兴的比赛，但是，我赢了。

那一刻，带着赛后的疲惫与内心的失落，我看到广场大屏幕上出现阿里的画面，纽约麦迪逊花园广场全体起立，为一代拳王默哀。

这里是一个伟大的地点，阿里是一位伟大的拳王。此时此刻，是世界拳击历史上值得铭记的伟大时刻。

作为中国拳手，我巧合地参与了一次拳击史上的重要时刻，但这是何等绝望，再一次印证了我与阿里此生只拥有“擦肩而过”的缘分。

千言万语，化为泪崩，回到房间，我拿起手机，泣不成声，录下了那一刻随泪水一并迸发的心语。里面有憧憬、崇敬，我原想当面亲口告诉他，可惜再也没有机会了。

“在这一刻，向我敬仰的阿里先生——向他的逝世，报以深切的悲痛。一直以来，受到他的所有的……他一直激励着我，还想有机会去拜访他，但是他今天离开了人世……”

那段视频，我本来只想发给莹颖，但终于还是直接发到微博上面。我希望还未走远的阿里，他在天国也能感应到，这绝非粉丝对偶像的哀悼，而是忠诚的追随者对精神领袖的最后致礼。

始料未及的是，网络上竟然有人质疑我在作秀。悲痛之后，是悲凉。

一个不尊重拳王的国度，怎么会产生伟大的拳王？

我在第一时间悼念阿里，没有人强迫我表达什么，也没有谁会拿自己的梦想作秀。我只是说出自己的话，一段压在心底 20 年的一段话。

前些日子，重温电影《拳王阿里》，银幕上的“阿里”依然意气风发。跟随他的蝴蝶步，我仿佛穿越回 1964 年 2 月 25 日的迈阿密，那是年仅 22 岁的阿里首次参加拳王争霸赛，与利斯顿争夺重量级拳王。现场评论员一双眼珠紧盯台上：“所有预测都随排水管冲走！”

仿佛是应和被冲进排水管的夺冠预测，利斯顿无精打采，在第七回合钟响过后，干脆没有从休息区站起来。阿里被裁判员高高举起双手，宣告胜利，他激动地向台下高喊：“我是个坏男孩！”

屏幕上“坏男孩”的脸，与 32 年后亚特兰大奥运会场上老拳王的面孔重叠，那张苍老僵硬的脸庞，呆滞的目光，颤抖的双手，蹒跚的脚步……如今，一切都永远地留在了过去。

当年对着电视机潸然泪下的15岁少年，从中国拳击版图上的红色亮点出场，历经重重关卡最终突出重围。一路上，那个小男孩从来不是孤身奋斗，在他身边环绕着所有健在和不在的偶像和精神领袖，那些人，是他心目中永远的英雄。

长歌当哭，英雄不死。

第三章

第一场

第一场比赛总以失败结束，

我注定是个有故事的男主。

为了出场，奋斗！

“我参加的所有大赛，都是从第二名、第三名开始的，没有没经历过失败就直接就拿冠军的。”

面对媒体递过来的采访话筒，这句大实话我说过太多遍，不过最后被浓墨重彩报道的，往往还是一块块金牌、一个个冠军。

再不惊艳的开头，只要有了“失败是成功之母”做润色，再配以后来的好结果，就似乎成了前传、铺垫、伏笔、欲扬先抑……什么都是，唯独不是一次失败。

然而，作为一个被“扁平化”了的冠军人物，在重温无数个夺冠荣耀时刻之前，我尤其想亲手盘点一下我人生里那些失意的“第一场”们。

我，生来就没有当黑马的命。即便在初入拳坛的起步阶段，类似游戏里练级打小怪期间，参加省级比赛也只拿了第二名。

那场省级比赛，在“拳王邹”只记载国家级及以上比赛的履历上几乎从未出现过，就像从没发生过一样。然而，在我自己的小本本上，它却一直是公元元年一样的存在。

那是我第一次作为拳击运动员出场对垒，活像个冷血杀手一样杀入决赛，最终却没能问鼎。现在看来俱往矣，在当时可是不折不扣的打击，眼睁睁看着一步之遥的金牌挂到对手的脖子上，我难过得简直要从领奖台上翻到地下去。

输了，有技术层面的稚嫩，更多的是心理上露了怯。那是我的出道一役，对手却已经是名将。在别人高看几分的眼光中，他无形中有了气场护体。而被认为走了大运才有幸与他交手的我，似乎想不输都不行。

可是我知道，我原本是有机会，打赢他的。

没有人知道，为了这一次出场，我经历了怎样的惊心动魄。

很多人认为，我的路走得很顺。从一个懵懂的少年，到有资格为国争光；从第一场的输，到每一场的赢，中间其实没有走多少弯路。

但事实上，在从省队到国家队的历练里，我的危机绝不只是从奖牌到金牌。在往上一个层级攀登的路途上，我的存在感总是偏低，总是作为预备力量——集训队员的身份，活在剃刀的边缘。

1997 年，我参加第一次全国比赛。这距离我被国家队正式认可，还有三年，而距离被淘汰回老家的风险，只有三个月。

1997 年，也是第一批“80 后”的青春期末点。那一年的曲风丰富而驳杂，有国家收回香港的高昂严肃的主打《红旗飘飘》，也有“我知道你根本没那么坚强”的《心太软》。

而我的主题曲则是：心不能软，拳头才不会软！

“你们是从全省选过来的一批，要斗得过自己地区的，还要跟其他的地区竞争，赢的才有资格留下，其他的打包走人！”

被选入省队后，16 岁的我还没来得及庆祝，就先被淘汰危机死死笼罩。这是一场电影版本的现实，是异常残酷的筛选。我们从遵义、黔东南等地被纠集而来，不是送进保险箱，而是关进大赛场，每天都有淘汰和竞争，只要不走到最后一步，之前的一切就全是空欢喜，什么意义都没有。

打包走人，我能走到哪去？

为了留下来，赖下来，哪怕是“黑”下来，我也必须想办法！

我环顾四周，都是和我一样面色凝重甚至杀气外露的年轻人。不同级别之间还好，但和我同级别的也来了不少，都削尖脑袋想留下来。

生死存亡之际！

训练，刻苦训练，被恐惧驱使着训练。训练是锻造自己的身体，而要在亦敌亦友的身边人中成为存活的零星几个，还必须摆脱孤立无援的心理困顿，寻找一切机会，为自己加大胜算。

向存在竞争关系的同伴求援显然不明智，我和其他一些人一样，都把目光投到了安全线以内——在编的老队员身上。

无论是不是正式省队队员，训练往往是混在一起的，因此也就能近距离相处。逮到合适的机会，我就主动给老队员买饮料——揣着兜里仅有的钱，跑去训练场外仅有的一家小卖部，回

来请老队员们喝，大家关系迅速熟络起来。

那家小卖部的货架上满满的全是零食饮料，让人一看就觉得能量充沛。并未精心装潢的小空间，几乎垄断了训练场内外所有可以发生的人情世故。

“老板，赊账！”

我兜里没有钱，头上没头衔，未来拴在裤腰带上，随时随地可能像人头落地一样一切玩完。只有那些喝下我饮料，接受我示好的老队员，才是我唯一可以去争取的力量源泉，才能带给我可怜的安全感：好像和这个训练工厂里的前辈混熟了，就和这个随时可能在我脸前“砰”地关上大门的地方产生了类似亲情的联系，好像老队员们愿意让我留着，这个训练工厂就会舍不得我走。

但我毕竟是拳手，这些锦上添花的小细节，必须有强大的实力做基础才能发挥作用，否则皮之不存，毛将焉附。

进步飞速加上懂事机灵，让我熬过了那三个月的考验。我过关了，可以留下来，但也只是留下来而已。

谁都知道搞体育是吃青春饭，个人和集体，谁都耽误不起谁的时间，新老队员中都素有很强的流动性。我从时长三个月的筛子中留下，进入了看不到尽头也得不到保障的下一段漆黑通道。此后我还要不断通过一系列的表现，为自己争取真正能站稳脚跟的立足之地。

而体现我核心价值的地方，就是代表队伍征战拳场，在眼光一个比一个毒的教练面前，用奖牌示才，展现我能把敌人撕碎的一份本事。

这条路，我走了两年，一路上氤氲着方便面调料的气味。我的角色，是编外的集训队员，是处于边缘的陪练。

从 1997 年到 1999 年，跟随着老队员，我们频频外出比赛，交通工具基本是火车——硬座。贵州拳击人才济济，经费却捉襟见肘，经常要坐过路车，吃的食粮也是一水的方便面，若加根火腿肠，基本是高配标准。

“嘿！挤一挤嘞，那边的动弹一下……”

最惨莫过于人挤人。我记得那时火车途经山东，在德州等地密密麻麻地停车，每一站都推推搡搡涌进来一大波人。天呐，中国人真多，我们一队人被挤得连立锥之地也保不住，整个要双脚离地升仙了。人从身前挤，包打头上过，大包小包轮番招呼，我们都像在人肉碾盘里打了一个滚儿，还没上赛场，先搓掉一层皮。

人太多太满，连眼光都互相拥挤，不知道该投到哪里去。我频频伸长脖子只为透一口气，余光瞥见座位上方的行李架，心思就飞了，幻想能一跃躺到那上面去。

处境再艰难，也要看好帮教练和老队员拿的行李，还有那箱随身携带的方便面。至于自己的行李则早已不知被挤到了哪里。

这样一通折腾，肚子里的食物和能量留不住，很快就饿了。于是，纷纷撕开方便面，加一杯开水冲泡，聊以解饿。

一箱面，万水千山随队走，全队人三餐就靠它，后来有段时间，我闻到方便面味道就恶心。

挤车是心酸的，过程是艰苦的，方便面是这辈子都不想再吃

的，所幸能亲历一场场比赛，哪怕只是编外的身份。

1999年末，我终于拥有了与国家队沾边的身份——国家队陪练。虽然只是陪练的身份，但能去国家队和全国拳击水平最高的人一起训练，无疑让18岁的我激动万分。

接到通知的第二天，我们一行人登上了前往国家队集训点——成都——的火车。出发的时候，我身上一共只剩下50元。

“钱够用吗？要不要寄点儿过来给你？”妈妈在电话里问。

“我有钱，不用担心，我还买了个BP机（寻呼机）呢！”我逞强地笑笑，摸摸口袋里被揉得又湿又皱的50元纸币。到了成都还得买洗漱用的东西，还得吃饭，我得好好盘算一下这些钱接下来要怎么用。

上车后我们有上中下三个铺。作为小队员，我很懂事，主动爬上了上铺，把下铺留给了教练和老队员们。火车颠簸着，不一会儿，我就睡了过去。快到下午，我迷迷糊糊间闻到一股诱人的饭香味，生生地将我从梦里拉出来，原来是餐车上盒饭的气味。我在上铺顶着低矮的天花板坐起来往下一看，下铺的两人已经在吃饭了。我知道，假如我下去的话，他们一定也会买一份盒饭给我。

那个时候的我冥冥中觉得，后面还有那么多的路要走，那么多可能的困难，如果刚出来第二天，就接受别人的帮助，那后面的几个月要怎么混呢？

我没有下去，压着饿意佯装继续睡，车窗外的黄昏一点一点地降落下来，火车轰轰前行的声音节奏匀称，单调而清晰。我躺在床铺上，饥肠辘辘地随着火车的轻微颠簸前行。到了晚上，我终于忍不下去了，爬下床铺，冲到火车狭小的卫生间里，忍受着刺鼻的臭味，对着水龙头，大口大口地吞进冰冷的自来水，水滑过喉咙，带来的是一种无法言说的委屈，继而是一种痛快淋漓的自虐快感……

只要饿不死，我就永远不会让自己掉队。

这趟漫漫征途上，集训队员中，也有人无法承受残酷的淘汰式竞争，选择了自动放弃。

当时，去意已决的那位队友已经开始打包裹，做离开的准备，他姐姐过来帮他收拾行李。

“好好的，为什么要走？”我问。

“练来练去，又能怎样？你练拳击，是想干什么？”姐姐的表情一脸绝望，最后一句是反问，更似反击。

“出场，比赛。”

她一愣。

这个问题，我不是第一次回答。妈妈早就苦口婆心过：早点进入社会，适应社会的规则，学一技之长，至少能有个确定不会饿肚子的未来。但耗在体育队里，有可能就把岁月空熬过去了。万一练拳又没练出来，大好青春也耽误了，这辈子不就完了吗？

妈妈们、姐姐们深谋远虑，我的想法显得却很单线条：只有出场，才有机会，才有胜利的机会。胜利，才是拳击手最安全的未来保障，也是我最想要的结局。

文章开头记录的那场比赛，是我参加的首场省级比赛，虽然以失败收尾，但我分明拥有了出场的机会，这又何尝不是一次意

义非凡的胜利！

念念不忘，终有回响。

以贵州队队员的身份出场，出现在第十届全运会的赛场上，我终于拿到了人生中的第一块国家级比赛金牌。

幸福来得太突然。拿完冠军，不仅有了工资，而且忽然从 70 元飞涨到了 300 多元。那时候已经不给现金，直接打在卡里面了。我对大额数字没什么概念，只是常常会有个甜蜜的苦恼：钱怎么总也花不完呢！

这份惊喜，大概是命运在用实际行动告诉我：小子，你选的路，对了！

为了热爱，坚持！

23 岁，是拳击手最好的年龄。在体能巅峰的年份，我却输掉了一场至关重要的比赛。

2004 年雅典奥运会，是我奥运纪元的“第一场”。

48 公斤级拳击半决赛，比赛进行到第二回合，我已经赢了对手 6 个点，要知道，奥运拳击比赛一共只有三个回合。台下的张传良教练和台上的我都觉得胜券在握，大局已定。教练在台下，已经开始思考下一场决赛的战术，对 2004 年实现中国拳击金牌零的突破信心满满。

谁知转瞬之间，场上情况陡然逆转，我挨了一记重拳，从优势转向劣势。对手一拳又一拳，把我困在围角里。教练的目光从台上转向台下，再转回来之时，三四秒的时间，对手连上 10 个点，比分大逆转。

不敢相信自己的眼睛，教练又眨了眨眼，把目光盯在大比分牌上。局势变化太突然，教练一只手握着拳，用力击打另一只手掌，啪啪作响。扼腕！

最终，我无缘决赛。

觉得一定会输的比赛，输了，就像是喝了一杯温水，不痛不痒。觉得可能会输的比赛，输了，就像喝了一杯凉水，寒气入心。觉得赢定了的比赛输了呢？本以为是一杯温热的蜂蜜，喝到口才发现，原来是一杯滚烫的苦水。滚烫的水一下子好像把心烫焦了，胸口一阵闷痛，惊诧突然之中，有苦难言，眼泪一下子涌上来，还要强忍着压下去。

赛场风云，实在是太变幻莫测。一拳之间，乾坤逆转，不到最后，很难断言谁是王者。世界上最难以设置剧本的或许就是拳击比赛，最精彩丰富的活剧本可能也只有拳击比赛能给出。

在半决赛击败我的古巴名将巴特雷米，其实在 2003 年于泰国举办的世锦赛上，曾是我的手下败将。

2003 年，我 22 岁。队长带我去世锦赛，目的是锻炼一下我这个非常年轻的小队员。结果几轮比赛下来，第一批、第二批主力军相继倒下，虽然还剩我一个人没比赛，但是看完我抽签抽到了古巴队的巴特雷米，除了依旧为我稳定军心的张传良教练，大家都行动了起来，该订机票的订机票，该找旅游团的找旅游团，心思都飞到了泰国芭提雅旅游上面。

至于我，虽然没人明说，但空气里都弥漫着我必输无疑的味道。要是还有什么转机，也就是别被 KO，输得不要太难看吧。

结果，比赛当天，事情越发展越令人咂舌，到了第四回合，我，邹市明，把巴特雷米战胜了！结束的钟声清晰地敲响，裁判举起我的手，全场沸腾。所有的媒体都把话筒兴奋地送到我面前，中国的拳击赢了古巴，就像古巴的乒乓球赢了中国一样。

这一场比赛不是决赛，并没有给我带来奖牌。但这是我为数不多的值得欣喜的第一场，富有纪念意义的大胜。这一场，是我的突破，更是中国拳击的突破。

然而一年之后，给了我第一场胜利的人，又给了我第一场失败。

尽管奥运铜牌也已经是中国拳击队的历史性突破，尽管媒体报道的主旋律也是虽败犹荣，尽管我自己下场之后用充满激情的语调宣告："没关系，我还年轻，我还有 2008 年！"

20 出头，绝对是一个拳手最好的年龄。22 岁的阿里击败索尼·利斯顿，首次夺得重量级拳王称号；20 岁的泰森击倒伯比克，夺得 WBC（世界拳击争霸赛）拳王，成为拳击史上最年轻的世界重量级拳王；23 岁的刘易斯为加拿大夺得了汉城奥运会唯一的一枚拳击金牌。

而 23 岁的我，有激情、有能力，如下山猛虎，但缺乏经验，在最应该夺冠的时刻失手。下次翻盘，要再等 4 年。4 年可以读完大学本科，可以打赢一场解放战争。4 年只是奥运编年史里的一瞬，但这一瞬，很可能就是一位运动员的一生。

我输掉比赛的那天，正是刘翔夺冠的同一天。黄种人创造了百米跨栏的历史，世界震惊，举国欢庆。喜气洋洋的气氛，却令我心中的遗憾剧增。一份具有开创性意义的荣光，原本也可以属于我。

雅典归来，我回到家，把包一扔，把门一关，在里面尽情颓废。可是这一次，单纯的懊悔和反思，却慢慢升级成了哲学家一样的自我纾解。

我忽然想到，失败背后或许有命运的密语，这一路老天给我看的，就是我的不完美，从小时候学习不尽如人意，到刚刚练拳击臂展不达标，到现在，每一个第一场的失败，都是在告诉我，我不完美，但我可以去努力弥补，然后变得完美。

拿奥运冠军，是国家体育的突破，中国拳击的梦想，但更是我个人的一份修行。要过关斩将，将金牌收入囊中，我从前注重的是一招一式，是击溃对手，但那时我意识到，它更是我自我塑造、自趋完美的过程。

从省级冠军、全运会冠军、亚运会冠军，直至与奥运冠军不断接近，一步一步追求到了越来越高阶的水准。当初级追求已经实现，中级目标收入囊中，又是什么推动我继续玩命，永不停息地向前搏斗？

我想了很久，发现答案是：初心。从在桃溪寺野校的土操场上第一次接触到拳击这个自由的运动开始，我身上和身边，很多事情都相继生变，唯一不变的是我对拳击的挚爱。我的追求，已经远远不只为了谋生，更是为了满足一个拳手精神层面的宏大追求。除了打拳我什么都不会做，也什么都不想做，我只能拼下去，打下去，打赢。

我没迷失，我还是我，邹市明。

禁闭反思疗法再次治愈了我。2008 年北京奥运会，虽然险象环生，我终究获得了 48 公斤级男子拳击金牌。

历史诞生的那一刻，很多事情，再度变得不一样。

进军职业拳坛后，我的“第一场不赢”铁律似乎也有点水土不服，因为第一场，我赢了，第二场，又赢了，就这样连赢六场，六连胜。

于是我刻骨铭心的，反而是第七场——我输掉的第一场。

2015 年 2 月，乍暖还寒，我和儿子玩闹的时候扯到右肩，疼得厉害，睡觉时翻个身都会被痛醒。在莹颖的陪同下，我去洛杉矶一家专门为运动员开设的医院照核磁共振。

两个黑人医生带我们去做检查，把蓝色的造影剂通过细长的针头扎进右肩，剧痛中，病灶在电脑仪器上现出了原形。

第二天我们去医院听结果，主治医生是位在运动界颇有声望的名医，为科比看过病，也给帕奎奥做过手术。他告诉我，我的伤是十点钟到两点钟方向盂唇撕裂。

“你不能再挥拳了，连捏紧拳头都不行，不然你的整条手臂都有可能‘啪’地掉下来。”

做手术可以治疗，但最少休息半年才能康复。在我和团队的强烈请求下，医生终于答应采取替代方案打针，先抽血，提取血液蛋白，配入消炎药剂中，再把药打进血液里，功能就是止痛加麻醉，但不是治疗，对伤口恢复无益——即便打完针，如果我在比赛时出拳太用力，还是可能废掉一整条胳膊。

我说，我打针。医生回过头开始吩咐助理剂量大小，两人用英语对话，我没仔细听，心里一团乱麻。

助理问这个剂量会不会多了，医生回答："Later I will fix that, don't worry, just put it." 意思是："就让他打完这场比赛，比赛完之后我会给他补救。"

莹颖听懂了，眼泪开始止不住地向下流。她几乎是恳求一样向我确认："你要不要打这个针？你可以不打的，休息一段时间就可以了……"

"不行。"

不行！拳台已经搭好，宣传已然到位，我和我的团队、我的拳迷、我的梦想，都箭在弦上，不得不发。即便上台就是去挨打，2015 年 3 月 7 日，澳门威尼斯人金光综艺馆，我也必须出现在我职业赛第七场的拳击擂台上，站到对手泰国拳王伦龙面前，和他打一场。

比赛当天，我拖着已经打了十天针的右臂去了赛场，身后跟着医院的助理，助理带着全部的药，打算见伤势不妙，就随时给我来上一针。

可是事情似乎并没有那么糟糕。开赛第二回合，我就击倒了伦龙一次，虽然麻痹的右臂不敢使全力，但我还有左臂，还有步法，还有支撑我此前拿下六场连胜的实力。就连教练罗奇都在台下面露喜色："OK，非常好！"

宣告比赛结束的钟声敲响，我脱下拳套，已经准备用兴奋的双手，接过国旗，庆祝一番了。但结果却是，点数惜败。我输了，十年不败在这一刻宣告终止。

如果右肩没出状况，我绝对不会输得如此憋屈、窝囊。这段前奏，一直以来都是我心头、喉头的一根刺，要倾吐出来，就要先扎伤自己，所以长期以来，我在媒体面前都缄口不言。

但后来，我慢慢不再忌讳这件事。我赛前有伤，但输了就是输了。我十年首败是事实，负伤也是事实的一部分，而不仅仅是很多人眼中并不体面的借口。

我的第七场，我输的第一场，对于近十年立于不败之地的我而言，比起沉重的打击，更像是轻盈地放过自己。失败提供给我审视自己的另一个角度，在“放下”之后。

总是被连胜的惯性顶在神坛上，人会越来越怕输，越来越输不起。没输过的人，觉得输赢就是天大的事，反而一输之下却看清：输赢，不过如此。至少我的右臂没有“啪”地掉下来，我还有机会康复、一雪前耻，还能继续征战在我挚爱的拳台上，还能酣畅淋漓享受此后所有的胜负成败。即便是对于我一直有野心去带动的中国职业拳击，我的爆冷首负，都可能带来更大的关注和推动，很多人或许会因为这样一则新闻来关心职业拳击。

我不是黑马，也从未觉得自己是黑马，我从来也没预判我会成为中国拳击第一人，创造一个又一个中国拳击的历史。我就是一味地喜欢拳击，好像“情不知所起，一往而深”。妈妈从小不看好我，我是从练习拳击以后，才在这项残酷运动里找到了最初的成就感。我或许就是个尝过糖果滋味就贪恋上的小孩子，像钻牛角尖一样一心追寻可以复制的甜头。这些甜头抚慰着我，诱惑着我，带我走到今天。

我想对拳击说："今天我依然爱你，而明天，我会继续。"

我会一直打下去，打下去。

电影《激战》里，影帝张家辉饰演的老拳王程辉执意去"送死"："我们到了这个年纪，还有事情需要别人明白吗？"

我明白，这颗心明白，就已足够。

第四章 道具

头盔，

象征着锦标主义。

更多的保护

“中国最伟大的业余拳手。”这是美联社对我的评价。

但是，我不喜欢“业余”这两个字。

在专业教科书中，现代拳击运动分为职业拳击与业余拳击两大体系，而奥运拳击属于业余拳击赛，听起来，仿佛显得并不那么“专业”。

也许，头盔是区分两种拳击赛制的外在标志。职业拳击手可以赤裸头部，奥运赛场上斗士的眼神与杀气则隐匿于头盔之中。

我更愿意称呼自己奥运拳击手。

我曾经是个戴头盔的奥运拳击手。戴上国家队的头盔，穿上国字号队服，套上特别赞助国家队的战靴，仿若一个慢动作的艰难回放，一拳一拳打出来、一件一件穿上去，一路装备逐渐升级。

一切先要从那双黑色的，人造革质地的，散发着恶臭的，被小伙伴们共享的拳击手套说起。

打奥运，打职业，拳击手的护具越来越少，条件越来越不安全。最不安全的拳击比赛是什么？打黑拳。

四个人，围一个正方形，相邻的人合力拉起一根绳子，就是我们的“拳台”。轮到你上台，就换我去拉绳子。我们一共只有两套拳套，而且磨损严重，中间的海绵已经快空了。一根绳子围成的拳台和两副臭烘烘的手套，就是我们所有的拳击装备。

因为只能团体协作练习，记忆里的桃溪寺，从来没有冷清过。一群少年永远像一片热闹的云，凑在一起热火朝天地练着看着，不时疯狂地吼几声，从树荫下的一头涌到另一头。拳套被卸下来时永远冒着上个人体温留下的热气，下个上场的人连忙接过去，三两下套上拳套，又一场战斗就要开始。每一个人手心的汗，连同洋溢着少年荷尔蒙的气息，好像都遗留在了手套中。积年累月，散发出一股恶臭。

可在蛮荒状态的野校，那一双恶臭的拳套，却是少年拳手唯一的道具。

偶尔，会有好事者闯进我们的领地，得意扬扬地嚣张着，众人都有些不敢言的不满。我们的教练也坏坏的，问他们：

“你们敢和我们队员打不咯？”

“哈包儿才不敢！比就比！”

有个一米七几的大高个，仗着自己威猛站了出来，传说在当地也是个惹是生非、实战经验丰富的刺儿头，看着满场没几个比他高的拳击队员，毫不犹豫地应战了。

“谁来？”教练的号召刚刚发出——

“我！”

戴上那双拳击手套上场的冲动总驱使着我率先接招。

学校里最热闹的围观时刻到来了。枯燥的练习生活难得一次这样有滋味的插曲，一传十，十传百，宿舍休息的人也被叫来看热闹，就连隔壁散打队和武术队的人也骚动着凑过来。大家围成圈，七嘴八舌喊着号子支着着儿看热闹，这是桃溪寺难得一见的狂欢。

这种比试往往一开始就猜得着结局，尽管没学过的和练家子差距明显，但激烈对抗到最后，拼的都是蛮力。一场下来，来挑衅的大高个眉眼处皮开肉绽，头破血流，我呢，也无法做到全身而退，挂彩见血是常有的事。

只是那个年龄的男孩子，正是天不怕地不怕的生瓜蛋子，还总有年轻气盛的人要来迎战，因此也总能有会见血的拳击一场一场地看。

因为没有护齿，不少人挨到拳头后，肉被牙割出许多小口子。偏偏贵州人嗜吃辣椒，于是吃饭的时候，辣椒碰到伤口，饭堂里此起彼伏地哀嚎，人人龇牙咧嘴，想起来又好笑又心酸。

实在是缺乏保护，当年在体校一起训练的同伴们，都多少留下了一些“桃溪寺后遗症”。比方说，那时没有保护好的关节，到现在稍微一打就肿得像个鸡腿。后遗症，像是武侠故事里江湖门派特殊的暗号，是那深山体校的练拳岁月在身上留下的隐秘勋章。

这是我拳击生涯暴力版本的开幕大戏。当外界质疑我是否有能力去打肉体冲撞剧烈的职业赛的后来，他们无从知晓的是，在对拳击充满原初热情的拳击手养成阶段，我经历的是原始丛林式

的招招见血。

那时我就知道，拳击，不只是把自己重重防护，装在护具里面，数着点数算胜负。它不温顺，而是危机四伏，随时有可能面对流血和伤痛。拳击，是属于勇敢者的游戏。

只是，这场残酷的对抗游戏，实力派才有控制它的能量，顶尖的实力派才有权力，去参与游戏规则的制定。

之后虽然进了省队，也只是集训运动员，没有正式的编制。训练服要自己掏钱买，我记得很清楚，那时的蓝色尼龙队服上有两道白杠，胸前还写着“中国”两字，裤腿处是收紧的，我们有时候也把它当秋裤穿。初到省队时这样一套运动服要穿一整个星期，脱下来一股浓浓的汗臭味。

橡胶底的回力鞋，白条蓝底运动服曾是20世纪八九十年代运动达人的标配。得到全套很不易，拥有国字号的运动行头，象征着一个专业运动员最大的特权。

走出启蒙的体校以后，我就正式走上了一个运动员在中国体制内的越阶之路。竞技体育运动员在中国的养成过程，有点像古代江湖里的拜师学艺——等级森严，资源不均。小徒弟不仅没有师父带，吃穿用度的细节也处处提醒着你小徒弟的身份。要想熬出来，要天赋过人，加倍勤奋躲过暗礁，还需要一些好运。

而追逐特权的路途，显然不那么好走。

从原始丛林打出来的人，怎会畏惧文明世界？至少在被现实打脸之前，我一直这么相信着。当时，我并不懂得，文明人的世界，没有丛林，却有江湖。

在国家队集训地，抽调的陪练队员、正式队员、重要赛事的种子选手等级分明，各项待遇也相差巨大。除了教练水平，编制、每月发放的补贴、装备的发放、住宿条件，都可以有不同。就连伙食，也总是高一级别的伙食明目张胆地好一些。

在一个团体内的“宫斗”戏份中，我们无疑是陪打的“群演”。为了保证自己队员的优势地位，暗黑系教练会故意选择远远大于我级别的队员与我对抗，目的很明显：打伤打跑打废，这样他的队员受到的威胁会更小一些。没有办法，即使戴着头盔，我也只能被对手追得狼狈地满场跑。

没有什么护具能彻底保护自己，只有依靠自己的实力！在无比的委屈和羞辱中，我在磨砺着自己的内心，也从未放弃难得的学习机会。每天陪练结束以后，尽管疲倦至极，我都要认真地写训练日记，记录怎么打、如何赢，思考技巧与实力哪个更重要。

我像一个凿壁偷光的人，像一个因为有一柱火把在手里，便忽略了周围茫然夜路的人，靠着趋光的本能，珍惜着修习技艺的机会。

冬天的成都异常阴冷潮湿，我们住在太平寺的成都体院，陪练们的宿舍没有空调，没有暖气，甚至连个炭火盆也没有。洗的衣服哪怕是内衣，也不管晾多少天都洇着湿气。夜里我们没人敢起床上厕所，倒不是怕黑，而是好不容易用体温焐热的被单等到起夜回来又变得冰凉。尽管有这样那样的诸多委屈与不适，每天醒来，我都仍然感觉胸中充满了梦想与希望。因为，在这里汇聚了拳击界的顶尖高手，只有在这里，我才会每天见到威严无比的

国家队服。

1999 年的最后一天，领导忽然给我们这些编外的陪练每人发放一套国家队队服。那时的国家队服不像现在，在街头任意一家体育用品商店都能买到，只有正式队员才有穿上它的殊荣。对于尚未得到正式国家队身份的我们，这是一件多么意义非凡的新年大礼！

时隔十几年，我还清楚地记得那套队服的样子，蓝色与白色搭配的底色上有鲜艳异常的金黄色条纹和五角星，五星红旗印在队服的胸口，在阴冷的冬天好像会发热一样让人胸口滚烫滚烫。我们都舍不得脱下它，整整一夜，小心翼翼地和衣而卧。

千禧年夜晚，零点，绚烂的烟花在天上炸开。花火中的我，脸颊虽然年轻，心思却很细，被淘汰，被选择，被轻慢，被戏弄，还好，自己从未放弃自己。国家队队服，虽然贴身，却不是铠甲，只能暖身，不能保平安。但拥有这个极具符号感和权力象征的服饰，无疑是对平民草根的黄袍加身，是对野校青年的无边励志。

更好的自由

“2006 年以后，您的运动成绩，漂亮得都太乏味了，几乎全是冠军了。”

有记者在采访时说。

2006 年以后，我的不败纪录保持了整整十年。赢，当然是好事，然而独孤求败的身份却让我肩上的压力越来越大。

赢着赢着，不知不觉就成了独走钢丝。无名小卒的自由和快乐成为了过往。担子越来越重，所有人的期望越来越高，输赢不再是我个人单纯的一件事，而竞技场瞬息万变，又有谁能保证永远赢?

2008 年的时候，我已经拿过了亚洲的、世界的所有能拿的金牌。业余拳手生涯里，只剩最后一块奥运金牌来证明自己。赛前，舆论热情高涨，所有的领导说邹市明应该拿冠军，所有的老百姓说邹市明应该拿冠军，个人荣辱、政治任务、国家荣誉如骤雨压过来，我明白，我已经输不起了。

大战前夕，睡眠变得困难而脆弱。我要请队医帮我抓头，手指一点点轻轻摩擦着我的头皮才能入睡，我暗示自己要放松神经。慢慢地，触感变得模糊而遥远，终于能进入一段浅层的睡眠。有时候一不小心，就惊醒了。深夜里，我看着天花板，心想，今天晚上又得熬了。

“熬”的滋味熟悉得令我恐怖，是那个必须连续枯坐 45 分钟才能下课的厂区小学，是自小被妈妈关一整天禁闭的小黑屋，还是那个屏息凝神练习蹲桩，稍有差池便会挨打的武术课堂？

那种熟悉无比的压抑感仿佛幻化成了窄小的头盔，将我强行禁锢在无边的黑夜里。

“我早就不想要头盔了！打了半天，观众却连你是谁都不知道。”

在环绕了一大圈录摄机器的演播室里，我曾经异常坦率地对着灯光下的主持人刘同那稍显诧异的脸这么说道。

缺少护具会不适应吗？需要更小心，但我竟然有着说不出的兴奋。像阿里、泰森那样，在拳台上恣意展示勇武，每一次握拳闪击，和每一份恣意的神情，都写在看台上山呼海啸的人心里，也成了刻在旧录像里的英雄影像，这一切让一个拳击手心动。

英雄快意，男性气质是拳击运动的精神心脏。拳击台上的男儿血性，最不用装进世俗得体里。

2008 年终于顺利夺冠，我多了一个奥运冠军，但仍然无法改变拳击队的队训：100−1=99；100−1=0。残酷的奥运会赛制，输一场，这 4 年就和你没关系了，单败淘汰，没有轮回赛，没有附加赛，就这么残酷。要站到最高领奖台你才是成功者，第二名很快就会被人忘掉。

当别人为我祝贺的时刻，无人知道，我开始变得不那么走心。一次，我拒绝戴上头盔为一本体育杂志拍照。

“业余拳手才戴头盔。”

在我的床头，头盔不见了，悬挂的已然是一副比业余拳套更薄的职业拳套。

2009 年 3 月，国家队的领导突然叫我去谈话：“市明啊，再拿一块吧，再干一届，中国拳击如果你走的话，就等于是昙花一现了，我们不希望下一届就这样没有金牌了。”

奥运会是为了去拿冠军，但是职业拳击是要超越自己。我没有自己的选择权吗？郁闷也好，沉溺也罢。“超越自己”只能权作一个梦想。

“你不干也是这样，还不如干好。你成功越多，受的委屈就越多。”

我虽然想不通。但师父的话让我一下子获得了平衡。

我留了下来。到 2012 年，我再次获得了奥运冠军，夺得了中国队的第 38 块金牌。仕途上的提拔是对一个运动员最大的奖赏。我照例带着金牌四处交际和应酬，出席政府和企业的各种活动。那时，等待我的是体制内的任命，靠着一路的积累和成绩，我也许会顺利地成为一个端肃稳当的厅级官员，多么安全而稳定的前途。可是，在一次杯盘狼藉的饭局后，照例举着金牌和人轮番合影时，闪光灯的恍惚里，我感觉自己在慢慢被那些奖牌垫高，成了一个面貌模糊的象征物，一件面部僵硬的道具……我再也不想过这样的生活了。

保护你的，也会遮盖你；给你安全的，也会去你棱角。头盔如此，体制亦然，那一瞬间，我已经做出了自己的选择。走出这一切，放弃这一切。

好爽！

不是我被迫接受这种规则，而是我主动选择这种赤膊上阵的生活。海底25000米，看风景的游客看水波潋滟还是波涛涌起，看到的都是最浅的一层。而事情的实相，与深埋于心的真正渴望，却在来路深处。于我，职业拳击才是让我心跳最快的词语。

对放下种种护具后一切可能的困难，我并不害怕。因为，本就赤手空拳的人，不畏惧再出发。如今，我不怕再来一次。

在国家队的日子，我曾为赢而惑，为输而惑，为国家荣誉而惑。终于，这些都已经扰乱不了我了。我不害怕以后可能的失败，不会因为怕输而停在奥运冠军的光环上。因为没有永远的冠军，英雄，才是永恒的。

可是，什么是英雄呢？

我想起了小时候对着电视机比比画画模仿的那些少年偶像。李连杰，在我心中算英雄。他少年时代参演的《少林寺》在票价1角的情况下卖出1亿票房，万人空巷，他跻身好莱坞一线影星，让中国功夫享誉世界。他带着中国功夫登上了《时代周刊》和好莱坞大片，成了文化现象。

和我同一时代的姚明也算。作为进入NBA名人堂的中国人，在美国，他成为了休斯敦这座全美第四大都市的“城市英雄”和“品牌人物”，很多人因为喜爱姚明而开始接触和喜爱中国文化，在中国，他掀起了史无前例的篮球热潮，甚至推动了中国篮球竞技水平的提高。

不仅拳脚过人，也可声誉满天下；不仅是一人名利，也推动一时风潮，让一种项目和文化发扬光大；不是一将功成万骨枯，而是大庇天下寒士俱欢颜。这些人在我看来是英雄，可我自己，暂时不是。

电影《搏击俱乐部》里，平凡的大公司职员杰克遭遇中年危机，看着桌子上的一切，他说：

> You’re not your job.
>
> （你的工作不能代表你。）
>
> You’re not how much money you have in the bank.
>
> （你存在银行里的钱不能代表你。）
>
> You’re not the car you drive.
>
> （你开的车不能代表你。）
>
> You’re not the contents of your wallet.
>
> （你钱包里的钱不能代表你。）
>
> You’re not your fucking khakis.
>
> （你穿的衣服不能代表你。）
>
> You’re the all-singing, all-dancing crap of the world.
>
> （你只是平凡众生中的一个。）

于是他发现："不管你拥有什么，到头来只会钳制你、羁绊你；唯有失去一切，你才能自由自在地随心所欲。"

迷茫中的杰克意外遇到叛逆而暴烈的商人泰勒，在对方引导下爱上徒手搏击的乐趣。他们组建的地下搏击俱乐部疯狂又激进，迅速席卷了全国。在这部风靡全球的经典电影中，拳击成了某种精神引导，它唤醒了被越发繁复的现代文明束缚的麻木平庸的都市人身上的那份原始的自由精神。

"拳击是不是一种残酷的运动？"

"在现代社会什么不残酷呢？"

有人曾经在采访中这样问我，我这样回答。

现代社会什么不残酷呢？体育。又什么项目不残酷呢？你拿了第一名和第二名，人们对你的笑容都是不一样的。很多领导人告诉我，私下热爱观看拳击比赛。也许正是因为拳击的这种精神，它直接而自由，在虚伪的现代生活里像一针清醒剂。

在《搏击俱乐部》中，泰勒拿枪指着梦想当兽医却不敢的可怜鬼，让他去当兽医，六周后若还没成行，那就毙了他。杰克问到这么做的缘由时，泰勒答道："我相信，明天将是他度过的最美好的一天。"

为逃离枯坐的教室，我出走体校；为逃离站桩的沉闷，我出走拳击。我也是拳击精神感召下的小小信徒，就像杰克和泰勒是同一个人两个不同的人格一样，在规规矩矩打了十来年后，我体内那个追寻自由的泰勒又一次苏醒了。

这次，我体内的"泰勒"举着枪对着我自己说：你有什么梦想，就去实现吧！

当时省里希望我再打一次全运会为省里争夺荣誉。我的队长不厌其烦地给我做工作，“再打一次，你打完全运会，我们保送你到美国读书！你去训练也行，读书也行，回来以后，给你升处长，厅级局长，副局长。这种路线走下来，至少也是厅级干部。”

于两个轨道上的谈话方向，我们终究无法达成共识。所幸后来，队长又找我谈话，和局长商议后，尊重并接受我的决定。至此，我的身份问题得到解决，恢复了自由身，彻底没有了后顾之忧。

我的执着与坚持，赢得了爱妻莹颖的无条件支持。

“你要不要去？”

“我想去。”

“去！”

那就这样吧！

一份退役报告，一封辞职书。第二天一大早，我们一起将两份文件交到了队长的办公室桌上。

放下成功，放弃仕途。即将踏上的，是前程未卜的职业领土。

但是，我拥有了最好的自由，我终于成为自己的帝王。

第五章 烟火

分手的烟火怎堪比生活的烟火，我与莹颖的交谈从如何用英文砍价开始。

两把火

贵州人是就着辣椒下酒的人。

川湘云贵都嗜辣，贵州人的辣却有着他们无法企及的暴烈，贵州的辣，生猛又鲜美。

两个贵州人谈恋爱，会谈出什么来？

先是火星，然后是火花，再绽开一轮烟火，我和莹颖的爱情就是这样，火辣，绚烂。

2006 年，是我们两个贵州名人的初次相遇。那时的我，是第 13 届拳击世锦赛的金牌得主，莹颖是对外经贸大学的大三学生。虽然还是大学生，她已经担任了多次遵义形象大使，这一年，莹颖同学以新一届遵义形象大使评委的身份前来出席活动。

遵义 4 月的太阳很晒，她却披着一条贵气的皮草披风，下巴高高昂着，迈着矜贵的台步。这一切，让我下意识在心里为她贴上了“物质女孩”的标签。

很快，这个印象来了个大转弯。根据活动的安排，我们同坐一辆敞篷花车，她站在车里，我坐在车后。炎炎的烈日下，小姑娘脸上被晒出了晶莹汗珠，但她的姿势依旧那么标准。呵，没想到还挺坚强。

“晒了一天很辛苦吧？”我忍不住通过同车的一个姐姐向她搭话。

她转头冲我们笑：“没事的。”她的笑很可爱，近看脸上还有浅浅的斑点，我忽然觉得那些太阳晒的汗珠都有点可爱。

贵气与可爱是一对有些矛盾的词汇，在莹颖身上却得到了如此和谐的统一。

第二天，她换了一身运动服。穿着运动服的她，和昨天那个穿着皮草的她有点不一样，我心里感觉和她的距离又近了一点。鬼使神差，我开始找话题跟她聊天：

“我经常去国外，想给朋友带点礼物回来，可是不知道怎么还价。”

“我教你一些讨价还价的英文吧！”她不像我想的那么难以亲近。恰好相反，她很有亲和力。

“你要会‘bargain’，你看，比如说你问他‘How much’，他会说‘ten dollars’，你就告诉他‘one dollar’，你要还价。”

Bargain，还价。我笨拙地跟着她念这些英文单词，好像真的是在讨价还价的买主和商人。这个昨天还盛装游街的形象大使，就这样就从光鲜的舞台“下凡”到了我的生活。

在封闭单调的运动员生活里，我从来没有遇到过这种女孩子，漂亮大方，又是名校的高才生。我几乎不敢想象自己可能会和这样的女孩子在一起。我开始约她吃饭，和她散步，五天以后的一次散步途中，我忽然牵了她的手，她没有挣脱。

似乎可以清楚地听到爱情火星的迸射，我和莹颖一见钟情，在同一天完成了第一次牵手和吻别。

然而还未曾尝到热恋的甜蜜，我们就先迎来了别离。第二天我就要随队去古巴打比赛，就这样，我们之间长达5年断断续续的异地恋开始了。

在古巴，酒店的电话打不通，我找遍附近没有一家电话亭，走了整整三公里路才发现一个简陋的公用电话。拿起话筒，插卡，拨通熟悉的大洋彼岸的号码，我的心脏扑通扑通直跳。

终于接通了！

“莹颖你先别说话，你听我说，我现在只有两分钟时间，我只能打给你两分钟。我在古巴，我现在很好，我很想你，不要担心我。好了现在我说完了你赶快说。”

“我给你打了好多次电话，你给我留的酒店电话我一直打不通，我换了好多地方打给你。我也很想你。”她在电话里也语速飞快。一通电话，两分钟，50美元，我们的相会那么短暂。很快电话挂断的忙音又响起来，嘟，嘟，嘟。

我平复了一下情绪，又走回三公里外的训练场地。忙里偷闲的间隙我常常望着海的那边，好像第一次明白了“相思”这个词是什么意思。

我在训练与比赛之间穿梭，飞过莹颖所在的城市间隙，机场约会是我们相恋的又一种方式。

我飞去各国打比赛，她就跑去机场等着，只为和我并肩坐一会儿。我们把两个人的日程表当作海绵，从所有可能的缝隙里挤出时间来；我们像两只互怀爱慕的喜鹊，能在飞行途中歇脚的树杈上碰头，彼此啄一啄满是尘土的羽毛，就已经无比满足。

有一次，鹅毛大雪，我的飞机被迫晚点，从七点多延误到十一点。莹颖就一直在寒冷的候机大厅里等我。我赶到时，她的脸颊被冻得冰冷，埋在毛线帽中像只又可爱又惹人怜惜的小熊。

手牵手，共饮一杯咖啡、分享一杯圣代，相聚分离的苦和甜先后跳跃在舌尖。首都机场里，几乎每一家店铺都有我们共同的回忆，都留下了我们贪婪地和对方再多坐一会儿的身影。

“亲爱的，我们再坐一会儿！”

每次拖到不能再迟，两个人十指紧扣挪到过安检的地方，莹颖都紧紧地抱着我，好像忽然明白过了安检，我们就真的要分离了。不到最后一秒，她绝不肯放我走。而我每次定要提着大大小小的行李狂奔，幸好从小训练，跑得快，气喘吁吁赶到座位上，还没坐定就赶快掏出手机安抚她：“我赶上了，赶上了……”

赶上了这趟飞机，赶着离开她身边。

心有牵挂，因此看到什么，都想要带给她。

我去美国打比赛，奖金揣在怀里还没焐热，就在商场里变成了带给她的礼物。我喜欢给她买可爱的衣服，还一度收集所有穿碎花的泰迪熊，只因觉得它们像她一样可爱。

喜欢一个人也许会觉得她性感，爱一个人总会觉得她是女孩。

莹颖喜欢自己性感的一面，穿衣打扮走性感路线；但在我心里，她却永远是可爱的一面更多，永远像穿着碎花裙的小熊一样可爱，永远是在机场不愿意放开我怀抱的小女孩。

像所有的狗血剧情一样，恋爱永远都有丈母娘这一关。丈母娘对“夺走”自己宝贝女儿的心的穷小子当心有加，要用充满怀疑的审慎眼光反复打量，多加考验。在我和莹颖的故事里，这一关尤其艰难。

莹颖的爸爸从她两岁起就离开了家，莹颖的妈妈一个人把莹颖拉扯大。她是个女强人，能干，清高，作为职业经理人管理好几个工厂，性格硬朗，目无下尘。她投入了多年心血，终于把爱女培养成了一名前程似锦的大学生，只盼女儿寻个安稳的好老公，从此不再像自己一样辛苦操劳。

得知女儿找了一个搞体育的男友，她像被针扎了一下，猛一激灵过后就是长久的忧虑：“打拳击的？打拳击的可不行啊，打拳击会不会落下病根子，脑袋会不会被打坏啊？从小习武，没有文化不说，以后能有什么在社会上谋生的长久之计？”

拜见未来丈母娘之前，我尝试着做预热：试着加她的QQ，但始终未蒙“开恩”通过。后来，为了被她接受，我一个人一次一次跑去聊天献殷勤。我没有怨言，因为爱莹颖，这一切努力都无比值得。

丈母娘的担忧永远是实在而普世的，选我是莹颖有勇气的决定。莹颖多才多艺，学生时代一直是文艺骨干和学生干部，长大后又出落成美丽的遵义形象代表，还考入名校读经济学……

她太好，有太多的选择。

而我，那时只是个金牌加身却没有多少经济实力的拳击国手而已。

我们的爱情仍然如火如荼，除了接受丈母娘的质疑，不断遭遇的还有时空的考验。电话、手机、QQ，我们在虚拟的空间传达彼此的爱意。然而，一个是忙于备战北京奥运会的拳击国手，一个是在毕业季忙着找工作的大学生。彼此的真实状况，各自的紧张与焦虑，虚拟空间能够传达的不及冰山一角。爱意、担忧，夹杂着误解，让我们甚至相约在一个地点宣布“分手”。

一次非常浪漫的分手？不是唯美伤感的韩剧，而是郑重其事的闹剧。

那一整个月的工资都变成了我为她燃放的烟火，飞上天空，炸出绚烂的火花，我们在郊外的空地上相顾无言。然后烟花熄灭了，变成一地的碎纸和漫天的硫黄味。

“再见了，莹颖，今后多珍重。”我和她彼此转过身走向相反的方向。恍惚间没有看清路面，一不小心跌进了路边的泥坑里。

转身望向她，却发现她也不小心跌在了地上，我连忙跑去将她扶起来。我们又一次紧紧拥抱在一起。我们再也别分开了好不好？她说。

仪式感十足的分手，其实是我们换个方式表达彼此的在乎，表达彼此对于相守的渴望。但是，最不得已的“分手”还是来临了。

那是在 2007 年夏天备战奥运会的时候。整个拳击队唯一的夺金希望全部寄托在了我的肩上。

“你要背水一战。你要先把心性稳定下来，不能让任何外界的事情干扰你的状态。”领导和教练这样对我说，“尤其是，不能让儿女情长的事影响你的发挥。”

我能怎么办？

“我会主动告诉莹颖说这半年先暂时不联系。我理解国家对我的期望。”

金牌更重要，国家的荣誉更重要，我只能这样回答他们。两情若是久长时，又岂在朝朝暮暮。

我在 QQ 上给莹颖留言，告诉她我们得断绝联系，暂时“分手”半年，还把 QQ 签名改成了“习惯了一个人走，一个人唱，一个人面对”。

从前，每次用电脑打开 QQ 的时候，都有一份甜蜜的期待在，期待莹颖的头像跳出来。只有这次，刚改掉签名，我就好像做了什么亏心事一般忙不迭地关上了电脑。我不敢面对她的回应，无论那是伤心、拒绝，还是质问。

原来那一刻，我们才最像至尊宝和紫霞仙子。我像至尊宝一样，为了继续取经的旅程而不得不出发。我的 QQ 头像正是橘黄色的孙悟空，真应景。

次日一整天，我都不敢打开 QQ 看她的回应，直到不能再迟的时候，我终于忍不住想知道，她会对我说些什么。不管她会说什么，是不理解，是抱怨，是受伤，无论她说什么，就让它们都冲我来吧。

她的反应却平静得出乎我意料："好，可以呀。"

我们竟然就这样互相删掉了联系方式，竟然就真的整整半年没有再联系一次。

星爷的电影《破坏之王》里，平凡的外卖伙计何金银喜欢上了靓丽女孩阿丽，阿丽说，自己喜欢的是英雄。何金银于是拜师学习搏击，自创"无敌风火轮"，感动了阿丽，终于谱写了抱得美人归的大团圆结局。

或许在所有热血少年的成长史里，都有一个阿丽，少年为了成为她口中的"英雄"而苦练武功，不仅仅是为得到意中人的芳心，更是为了让那些怀疑自己女人选择的人，最后都哑口无言。

我像至尊宝，我像何金银，为了给莹颖幸福，我可以成为任何一个励志爱情故事的男一号。但是，长达半年的分离，让我在一个女孩最为仓皇的毕业季完全缺席。

半年以后，我顺利加冕金牌。捧着金镶玉的冠军金牌，我终于在她面前凯旋，她这才吐露了半年前，那句轻轻的"好，可以呀"背后的撕心裂肺。

她说，那天看到我的留言，她觉得整颗心都被掏空了。她趴在床上哭，哭完以后，写日记，日记本上的墨水被眼泪洇染得模糊不清。

她的北漂生活在毕业以后正式开始了。夏天的北京时常下雨，她打着伞到处奔波找房子，有一次，刚登上台阶，整个人就扑在了地上，从脸到腿都摔得瘀青。可是她不愿意告诉我，因为不愿意我的训练因此受到打扰。她理解对我，对整个国家队，什么是更重要的。

每天早上 6 点钟，她从芍药居附近四个人合租的房间里起床，去赶公交，倒两班车到单位，晚上 8 点 10 分才能下班拖着疲惫的身体回家，一日三餐都吃电视台的免费盒饭。

她在很小的房间里给节目配音，由于没有学过播音主持，一个贵州姑娘，n、l 分不了，前后鼻音分不了，无数次录完了音，又被负责的人打回来重录，试用期每个月的工资却只有区区五百块。

那半年里，虽然遇到很多困难，她都坚强面对。所有的思念、困难、疑虑，每当这些折磨人的情绪在她心里天人交战，只有日记成了唯一的战场。这个倔强的贵州小女孩一遍又一遍告诉自己：相爱，要么不爱，要么爱到底。不能因为遇到不得已的苦衷，就轻言放弃。

这都是后来才知道的细节。我无言以对，万分歉疚。

她的坚韧，连我这个专业运动员都自叹弗如。

寒战

“你怎么不说话啊……”

“我不想说话。”

结束一天的训练，我全身酸痛瘫在床上。莹颖打来电话，刚刚下班的她正攒了一肚子话要和男友说，可我举着手机，大脑在放空，听她讲完，我就直接告诉她，我不想说话。反正隔着长长的电话线，假装想象不到她生气的脸。

2008 年奥运夺冠之后，我耳边充斥着高分贝名利的喧嚣，它们像咒语一般发出巨大的噪声，让人双脚离开了平地。虚荣浮躁的旋涡忽然把我卷进中心，一个年轻人消化起来并不容易。而那时的莹颖，是央视证券频道的财经主播，正在打拼事业的上升时期。许多工作和生活的苦，她只想和我说。

有句任性的话，说男人永远是个孩子。男人只有一次次在历练中死里逃生，才能慢慢长成一个坚毅的男人。这个磨刀石或是女人，或是事业。我被事业打磨得太狠，到了我心爱的女人面前，她的爱让我有恃无恐，我就放肆地耍起孩子气。

为了国家的荣耀，我要在奥运体系内再战四年，因而无法进军职业拳坛。这一份失落，和名利带来的浮夸，两股力量像冲突的两股真气在我体内搏杀，令我情绪不稳，浮躁至极。

浮躁也会锤炼一个人，但俨然急剧翻滚着的邪气，忽上忽下，让人从微醺到醉了酒，由一招一式往前打变成不知所以。

我情绪最不稳定的时期，正值我和莹颖感情的稳定期。我们已经一起经历了太多太多，她在我心中像是高而稳固的堤坝一样，水波湛蓝，堤坝边杨柳青青，是我不用顾忌的亲密之人。我向她倾诉我的困扰和纠结，也把一个年轻人能有的坏情绪和负能量全部传染给了她。

我们为了小口角而冷战，吵架，分手，再和好，再吵架，再说分手。“分手”两个字总说在情绪上，轰轰烈烈，可是根本一点儿都不走心。

说心里话，我从没想过和莹颖分手，越相处，我越发现她非常善良乖巧，早在心里认定她是这辈子在一起的女人。

教练经历过婚姻失败，是明眼儿的过来人，他听到我说话重，总是急急地跺着脚：“你小子，以后有苦果子吃的！”

可我依旧我行我素，好像笃定这枚苦果永远不会喂到嘴边。这份自信，正是莹颖给我的。我知道，她爱我。

吵完了，过两天，开始想她，碍着大男人的面子死活不说，反而是她，若无其事打来电话，几句问候，用女人轻盈的天赋悄

无声息地化解一场场冷战——她全权负责自愈、原谅、和好，我只需要当作一切都没发生过。

2009 年 2 月开始，我浮躁愈甚，几乎每月都要说分手，她竟然也沉得住气，明白我是遇到了困难，拿出极大的耐心劝慰我、包容我。我一说分手，她必定坐着第二天最早的飞机来看我，她一劝，我就好了，当天晚上她再飞回去。

年轻男人困于固执和脸面，怎么会懂一个女人为爱经营的柔韧和成熟？男人永远会低估女人的不安全感，我继续沉溺在自己事业上的停滞和混乱的心绪里，全然没有发觉，我们恋爱中最大的一次危机已经埋下了伏笔。

10 月，我们又吵架，我又说了分手。

“你前女友过两天可要过生日了啊。”她还是缓和着气氛，尝试着把话说进我的心里，但我在气头上，根本不予理会，只顾继续宣泄我的垃圾情绪，直到她一声不吭挂了电话。

听到电话忙音，我心里有点后悔，但只是一瞬。反正不过一场烟花，吵完总会好——可是这一次，烟花变成压死骆驼的最后一根稻草，真的划伤了天空。

不知不觉过去了几天，她竟一直没有联系我。一天、两天、一周……我每天早晨睡醒，第一件事情就是迷糊摸出压在枕头下的手机，可是总也等不到她的未读消息。偶尔，手机震动，我赶紧盯屏幕，还以为她终于还是像以往一样主动言和，却发现只是一条广告，只能皱着眉删掉。

没有新消息蹦出的消息箱提醒我，我在想她。而残酷的事实是，她真的没有再和我联络。

两周、三周……一个月过去了。她真的不找我了。我们从没有“失联”过这么久，冷战变成了我从心底打出的一个寒战。

这次史无前例的冷战，最终由我破冰。在一次醉酒之际，我按捺不住思念，拨通了她的电话。

“喂？”我故意用气冲冲的口吻强撑自己的自尊心。

电话那头没出声。

“你干吗呢？”我尽力若无其事。

“干吗？”她的语气很冷，半晌才答道。

和以前不一样了。我问她在哪，好像听到说是在香港还是澳门，嘈杂中电话被匆匆挂断了，后来再打过去，就只有手机铃音一遍一遍为我唱着歌。

火是不是熄灭了？感觉好像回不去了。我翻来覆去纠结好几天，失去的危机第一次重重压在心头。

我买了一张去北京的机票，我不要失去，我要去向她求婚，这样我们就不会分开了。

到北京后，我抱着一大捧花，在她住的小区楼下静静等了三个小时。心里还设计着稍后复合如初的情景，最意想不到的一幕发生了：她回来了，和一个男生。

我愣在原地说不出话来，各种猜想失控地冲出脑海。

她也被我的出现吓了一跳，先告诉男生：“我朋友来了，你先回去吧。”

她不准我上楼，我在楼门口追着问：“我们两个还没有结束，你怎么可以接受别人的追求呢？”

“你不是跟我分手了吗？”她一句话驳得我哑口无言。

“莹颖，我们结婚吧！”

“……你再想想吧。”她转身上楼，没有回头。

看着曾经抱着我不肯撒手的她，背影毫无留恋地消失在楼道深处，我手足无措。我根本不能想象，我们真的可能不能在一起了。

最最坚固的大坝，破了一个口。洪水泛滥，我成了溺水的人。我的虚妄和浮夸都成了对我的嘲讽，我连最支持我的女友都逼走了。我像一只膨胀的热气球泄了气，迅速坠落在了地上。

我无处安身，只能逃回贵州，过往的一幕幕慢慢回放，这才看清那些当初外人一眼就能看清的浅滩暗礁，这才惊呼，当初铸成大错。

我终于明白了莹颖这次的坚决。莹颖父母感情不和，她从小和母亲一起生活，对爱情和家庭的温暖，她的渴望和不安全感都比一般人更多。开始我说分手，她还能默默消解，说得久了，她越来越当真，心也就凉了。

可是我不能失去她，我要把她冷掉的心暖回来。我走投无路，最后走了很远的路，去找正当茶厂厂长的未来丈母娘。我不怕她的高冷，也不怕她帮着女儿骂我，我揣着一颗滚烫的心，什么都不怕，只怕无法融化我和莹颖之间可怕的三尺冰封。

“我真的很爱她，可是我不懂如何表达。”

“我也只能开导她，你得重新认识你自己。”

从茶厂出来，我心乱如麻。出乎意料，未来丈母娘没有数落我，她像长辈一样愿意理解和包容年轻人所有的荒唐。可她也没能帮我什么，她的女儿，像她一样倔强，我们究竟是分是和，决定权终归在莹颖手上。

教练看着我颓靡的样子，也替我给莹颖打电话求情。打完了意味深长地看我一眼，满脸的“我早知道”和“让你不听劝”。

教练最恨铁不成钢的，不是我和莹颖的问题，而是我的训练状态。

“明年就要打世锦赛，拿奥运会入场券了，你这个样子可不行——要么就不练了，没有这个精神头，你去了也没用！”

情绪的波动，训练的压力，内外夹击，打乱了我的节奏。我一度负气地想：不如不练了！去打职业比赛，也许换个环境，转移注意力，能稍微好受一点。

可是四年一度的奥运，我已经等待了三年，如果在此刻放弃，之前三年的沉没成本，我根本无法承担。如果直到现在才去打职业比赛，进入与奥运体系完全不同的世界，之前三年的艰苦就全部南辕北辙。在运动员的黄金时间段，三年的时间，我放弃不起。

在教练的鞭策之下，我清醒了。我告诉教练，我要打！但是，在此之前，我要先处理好个人问题，我要先挽回莹颖。

凭借多年积累的信任，教练答应了我这个无理的请求，准许我在紧张的集训之际，不分时间地点，只要口头请假，第二天说走就走，在贵州和北京之间飞来飞去，去看望莹颖，照顾她，陪她说话。

从前我一闹情绪，莹颖就万水千山飞过来看我；现在她不吵不闹，换作我一次次主动飞去找她。我想用一次次风尘仆仆的奔波，表达对爱人的尊重和对这段感情的诚意，把她已经降至冰点以下的情绪解冻，让我们的故事从断点续播。

精诚所至，金石为开，何况本就是天造地设。我终于把她的心暖了回来，有一天，她主动找我："你来北京吧。"

几个小时后，我就从贵州飞到了北京，莹颖就像从前那样，在出站口咖啡厅等我。曾见证我们无数短暂相聚分离的咖啡厅，那一天，又见证了她再一次依靠在我的怀中。

"我的意中人是一个盖世英雄。我知道有一天他会在一个万众瞩目的情况下出现，身披金甲圣衣，脚踏七彩祥云来娶我。"

还在桃溪寺武校练拳击的时候，我在镭射厅里看完了《大话西游》，或许青春期看的电影总会深深影响一个人，我常常感觉，我自己仿佛就是至尊宝。我愿意像他一样，为了我的紫霞戴上紧箍，踏上遍布妖魔鬼怪的迢迢取经路。紫霞仙子和至尊宝，在我心里画下了爱情最初的样子。

紫霞仙子的美出尘绝俗，紫霞仙子的痴情世间罕有，她不食人间烟火，却又像天上绚烂的烟花，整个人间都为她惊艳。

在一次次争执中，我们不断确认自己是那么在乎对方，在一次次分别和再聚中，我们变得愈加亲密，我们的爱情像燃烧的烟火一样热烈。我要娶回我的紫霞仙子，我要给她一个温暖的家，一个我们两人的未来。

我知道，在泪光里，她原谅了我的"分手"，原谅了恋情的不完美，原谅了人间的烟火不总像天上的那样璀璨。我也知道，这次过后，我们注定再不会分开。

挫败也是感情的炼金石，如一场大梦，如一场大病。难得的是，我们的感情在全力医治下痊愈，得来不易的 happy ending（完美结局），让我欣慰庆幸却又心有余悸。

我决定，给我们的故事，一个美好的新开始：我要和莹颖结婚，组建家庭，那里将是我们共享的温暖归宿。

2011 年 2 月 5 日，大年初三，我和莹颖的婚礼在贵阳举行。我的燕尾服、她的拖地婚纱，都选择了白色。礼服的白色，取意包容。梦幻的婚礼、不总是那么梦幻的婚姻，我们都能包容、共赴。

婚礼上的某个环节，是回顾从相遇到如今，一路走来的点点滴滴。我感动泪下，分不清是为她，还是为自己。

“上一次流泪是北京奥运会夺金。今天我又流泪了，不好意思。”

三只鸟

轩哥在这个世界扮演的第一个角色，首先是爸爸妈妈的小小“和事佬”。

当上爸爸是个突如其来的惊喜。那时我在训练基地备战，和莹颖发生小口角，几天都没联系。正在湖边散心，忽然接到莹颖妈妈的电话，心里还别扭着，接起电话，还不等丈母娘说话，我先表明立场：“妈，这次您就别劝我了，她太过分了，根本不让我喘气……”

可对方不搭我的话头，镇定地说了一句：“两个月了，要不要？”

这句话好像倾覆了眼前整片湖水，我瞬间被淹没了。

“……啊！妈，妈，你等会，我等会再给您打过去。”

明白过来之后，我挂断电话，迫不及待拨通莹颖的号码，结果她压低了声音：“我在上课，你等会再打。”永远进取的莹颖，那时刚刚考取北大 MBA（工商管理硕士），我只好等她下课。

等待也是幸福的。望着满面柔波皱起的湖水，我按捺不住内心的兴奋，朝着湖水大喊：“我要当爸爸了！”

一个小生命，就这么猝不及防出现在了我的世界，改变了我的生活。昨天我还觉得自己是个年轻的运动员，还是个大孩子，还在和莹颖像小情侣一样闹矛盾。今天，一份幸福与责任同时降临在我身上，训练基地的青山绿水都和昨天一样，但对我来说，一些东西开始不一样了。

轩轩即将诞生的前夕，莹颖带着姥姥一起到香港租了一间公寓待产。因忙于备战 2012 伦敦奥运会，我又投入了集中训练，在这样的重要时刻，我只好再度缺席。

作为一个孕妇，为了节约生活成本，莹颖和姥姥经常专程去深圳买菜。每次体检，大多数孕妇有丈夫陪伴，莹颖却只能扶住妈妈的胳膊——还有很多时候，她只有自己面对一切。我能成为拳台上的世界冠军，却不能在妻子需要的时候，像个最普通的男人一样挺身而出，换她安心，只能愧疚。

轩轩临产前一天，队里终于给我放假。一个归心似箭的准爸爸，踏上了独自一人第一次去香港的路。在我出发前，准妈妈给我提出了一个要求：一定为她带只北京烤鸭。

烤鸭打包完毕，早上 6 点就出发。先到深圳，再过海关。我原打算请在深圳的师兄送我过关，结果一路堵车，一起吃了午饭以后，我辞别师兄，决定自己找路。在陌生的城市里我像无头苍蝇一样找不到北，等冲到莹颖身边已近晚上 10 点。

第二天要打麻药，已经过了可以吃饭的时间，专门等烤鸭驾

到的待产孕妇莹颖只好努力地咽下了口水。

横七竖八的地下线路，陌生的城市公共交通。在香港，我是早晨出门，晚十点才找到医院的疲倦的准爸爸。我觉得我好像也和孩子一样，经历了来到这世界的曲曲折折。是不是新爸爸总是手忙脚乱？以至于记忆里，轩轩出生那天的一切都慌慌忙忙。

第二天，莹颖进了产房。我想帮她镇定，却忍不住比她还紧张，我的大脑一片空白，擦着汗对莹颖说："老婆，我给你讲个故事吧。"

从前，有三只鸟相约结伴飞行。麻雀停在了草原上，大雁停留在云层里，只有最后一只鸟，历经千山万水还继续往高处飞，直到翱翔苍穹——它是雄鹰。

这是教练经常给我讲的，三只鸟的故事。

"从前，有三只鸟一起飞行……"旁边的医生一有动作就会给我打岔，他一打岔，我就得从头开始讲。

孩子要出来的时候，我心里紧张，连连哄莹颖。这么一来又打断了，又要从头讲起："从前，有三只鸟一起飞行……"

剪完脐带，我抱着身上还没有擦干净的轩轩，他皮肤皱皱的，我给他擦身体，已经不记得还有没有继续讲三只小鸟的故事。

三只小鸟终于飞过，轩哥平安降生到这个世界。按手印脚印，上秤一称，五斤七两。这就是一辈子要牵肠挂肚的骨肉了。

如果说生命是造化下的偶遇，那育婴室就是被造化选定的亲子打招呼的地方。彼此是命定里的最亲，但现在显然还没来得及混个脸熟，是最最不熟悉的至爱，急急忙忙的，都想要多看一眼。

宝宝在婴儿房里，按照规定，白天、晚上，妈妈各可以去喂一次乳。爸爸要去看，只有在指定时间去排队拿牌子。拿到牌子后，会有车把宝宝推过来，爸爸们隔着玻璃急切地寻找着自己的孩子，有些宝宝在睡觉，有些则在哭。

十分钟以后，宝宝就都被推回去了。要是再想看的话，又要去排队拿牌子。好多新爸爸们，急切地一次又一次领着牌子，抓紧时间凑在玻璃面前向不搭理人的宝宝挤眉弄眼。我过一会就去转一圈，什么也不干，只看轩轩。看他有时候睡着了在那儿笑，有时候打哈欠，有时候两条小腿有力地蹬来蹬去。

第一次抱轩轩，抱他的时候，我总担心因为我全身肌肉都练得很硬，硌着他。小心翼翼地，像是捧在手心里怕化了。对抗和蛮力所致的劳累是容易承担的，只有唯恐多一分、少一分的爱的呵护，才是最用力、最甜蜜的负担。

为了让辛苦的姥姥早点休息，我大包大揽："您上去吧，我们两个照顾轩轩就行了。"

"能行吗？"姥姥还是不放心。

"我们也要学着当爸爸妈妈了！"

事实证明，我们都低估了成为好爸爸、好妈妈的难度。轩轩要换尿布，我不会，撕下来正要塞新的进去的时候，尿尿了，我不知道怎么办。问莹颖，莹颖说她也不知道，她也是第一次当妈啊。我们俩手忙脚乱紧急想办法……

我和莹颖就这样蹩手蹩脚开始学做爸爸妈妈，学着筑一个稳固的三口之家。莹颖从生产的疲惫里缓过来以后，开始有力气笑话我在产房里鼓励她的故事太糟糕，而我自评在兵荒马乱的时刻

发挥得还不错。

2004，2008，2012，我的三届奥运会，贯穿人生三个不同的阶段。从一个懵懂青年，到为人夫，为人父，经历了感情的挫折，经受了心性的浮躁，而我一一过关，如同小鸟从麻雀到苍鹰的不断进阶。

遇见我命中的“紫霞仙子”莹颖，再到和她一起放分分合合的烟火，到最后我们把新的生命带往这个烟火人间，这一趟旅程，幻化为温馨又绚烂的生活图景。关乎爱情，也关乎亲情。

爸爸，妈妈，轩轩。真好，我们仨。

第六章

师父

当张传良遇到罗奇，

我的拳头趺宕几许。

学习不挨打

2016 年 11 月 5 日，美国拉斯韦加斯。我将燃烧着胜利之火的 WBO 拳王金腰带佩戴在了师父的胸前，以中国式跪拜的方式向他隆重致敬。

“转识成慧”，大满贯背后 21 年的血雨腥风，被师父精确浓缩成了寥寥四个字。

他带着我，从中年打到老年，从满头乌黑，到两鬓苍白，直到成为白发智者。

我跟着他，从少年打到中年，从懵懂，到成熟，再到从容。

做事一阵子，做人一辈子。从相遇到今日，他对我的全方位指导早已超越了教练和师父的角色，他是心灵深处我最敬爱的张爸爸。老师 + 父亲，我永远的师父。

如果说每个人都奔跑在一条修行的路上，你可曾遇过那么一个人？他从人海中挑选你，在险恶的江湖保护你，不仅护你功力

进阶，还领你懂得世事人情。暗藏一身秘密和传奇，却只是笑眯眯地化身成为你的阶梯。听起来武侠到不真实，却是我绝非虚构的师徒因缘。

17 岁，是我训练生涯中重要的十字路口，是原地后退，还是进步向前，前途攸关。一个热爱拳击的热血少年，于各种力量和关系的交手中，虽然没有成名于街头，也开始有了随波逐流的苗头。

这一年，在地区体校复读一年，等待省队选拔的我，终于等来了悄悄出现在操场上的几个陌生人影——省队来的总教练，来地区选苗子。

那几天的训练场上，我和队友互相攻守，使尽浑身解数，队伍附近的那些人，一直不动声色地静静张望，让我们兴奋又露怯。

“走，去省队参加集训。”

热血在忐忑里沸腾了几天后，一位有一对笑眼、容光焕发、走路带风的教练把喜讯通知给了我。

这位教练，就是我一生的恩师，张传良。

张传良，贵州体育界神一般的人物，时任贵州省体工队拳击队主教练。他在无法企及的高处向我伸出手，将我拉进省队大基层摸爬滚打，也将我从危险的边缘拉回了人生的正轨。

作为新人的我，几乎没有机会和他直接交流，但仅是远观，也深感他非常和蔼可亲，总是笑眯眯的，在训练场上走过来，走过去。有他在场，就算他的目光不聚焦在我身上，我练起来也觉得踏实。

队里有老队员打架被他发现，战战兢兢，贴着墙角走，觉得要被狠狠收拾一顿了，然而低着头站到他面前等训话，他只是把手一挥："准备一下，去训练吧！"

滋事队员如惊弓之鸟的时候，他给了宽容；队员取得成绩飘飘然时，他会泼泼冷水。和和气气的张教练，把这一群用惯了武力的大孩子，管教得心悦诚服。

很多教练开队会，要求每人拿个本子，拿支笔，把任务念出来，落在队员的小本本上变成12345……张老师，开队会则喜欢在吃饭时和大家聊一聊。我喜欢开队会，因为能见到他，一见到他，我好像就有了主心骨。

一场这样的队会上，大家在餐桌前聊得尽兴之际，张教练发问了。

"要学打要学什么？"

"要学打要先学会挨打！"我自作聪明地抢答。

张教练非常亲切地对我一笑："你脑子已经被打坏了。"

他解释道："要学打，先学会不要挨打。不然你还没有练出来，脑子就已经被打坏了。"

这番论述，像一股泉水从山间迸出，冲刷了我对拳击到底怎样打的迷惑。从武校起步，我练习的是防守反击的风格，但我的探索很少得到认可。

在以往不同的教练那里，我得到的是耗尽体能，直接对抗的方法。

"在我国有很多运动员在二十五六岁最佳运动时期，就不得不含着眼泪离开他最喜爱的体育运动，原因在于伤病，在训练中无效的训练太多，运用破坏性训练的教练大有人在。他们花了大量时间，进行大运动量训练也没改变队员和项目的命运，但还是没认识到为什么。自己依然在努力、用心、反复、认真不停地犯着错误。”

张教练的理念完全颠覆了传统的蛮力训练，具有独特的策略和章法。从那时候起，在一个少年的认知里，张传良教练像一个神秘的武林宗师，他身上不仅有着精到的训练技术，还有几近于“道”的关于拳击的终极法门。

从大家的闲谈里，我拼凑出关于这位张总教练的人生过往。张教练习武出身，先辗转东北练习武术，后练摔跤，又练拳击，走南闯北，后来落在贵州。他在贵州教人拳击武术多年，他教过的人里，有很多老一辈的牛人，如省委区长，副市长，都曾是他的学生，桃李满天下。

他辗转江湖，阅人无数。见过太多习武之人，练就了一副狠辣的眼光，总能发掘出有潜力的新苗子，加以训练后，很快就能出成绩。我的师兄刘渊，就是在他的指导下成绩斐然，再往上的大师兄罗文，拿了全运会冠军。

就像所有的武侠片都有正邪两立一样，省队也是江湖，有江湖的地方就有是非。运动新人像刚发芽的青苗一样，非常脆弱，羊群过境，就极易被踩踏得东倒西歪，而张教练像是护田的人，总能挺身而出，在我稚嫩的时期一路护航。

“你太胆小了，你光是跑，你得打呀！”

针对我的防守式打法，我的世界里又响起另一位总教练鄙夷的叫喊。在省队，我遇到的所有对手都比我强，更加强化了我的防守技战术的琢磨：我不要被打到，然后才有机会打回去。那位教练看着往后退缩的我，觉得我心态懦弱，十分不屑："你再这样的话你就退回去，不要练了！你平时练得再好，比的时候也发挥不出来。"

他的声音太武断，太傲慢，我被击中，甚至一度觉得要被击倒了：是不是我真的不行？应该收拾行李回家去？

摇摆之际，张教练却为我稳住了军心："你必须要怕，怕才能有所警惕。"

吃了高人给的定心丸，我瞬间痊愈。

重拾自信，决心要站稳脚跟的我，顶住所有的压力和不如意，终于开始随团出征。然而，进了省队，就没有小比赛，我连连参加全国比赛，很不适应。偏偏每一场比赛对新人来说都很重要，甚至决定去留。我既不适应，又紧张万分，这时又是张教练用太极般行云流水的深厚功力，化解我心尖上的危机。

"我们高高兴兴地练，我们高高兴兴地去比赛，我们高高兴兴地打，我们高高兴兴地赢，我们高高兴兴地输，我们高高兴兴地回来，我们高高兴兴地再准备。"

某次大赛，是张教练带队。坐在火车卧铺上，大家凑在一起吃方便面。张教练端着方便面，开水的雾气在他脸上氤氲一团。水汽袅袅中，他像神仙宗师一样，用他惯有的豁达口吻给我们做"语言按摩"："你打得不好，不是你的原因，是我没把你教好。"

张教练的鼓励不仅让我走出“被退回去”的新人危机，更让我们这些心里没底的新拳手，在一次次比赛中，开始相信自己，学会自己做自己的定海神针。

硬卧火车又“咣当咣当”送我们在训练场和赛场上跑了好几个来回，我在颠簸中成了老队员。再后来，我去国家队当陪练，结束后回到贵州，那时许多老队员入选国家队走了，我终于有较多的机会得到张教练的直接指导。

在张教练的直接指导下，每天的训练都非常有乐趣。他的脑子里总能生产出各种新颖有趣的训练手法。我们每天摸技术、动脑子，不知不觉，一天的训练就过去了，从来没有觉得煎熬，吃苦也都吃得事半功倍、甘之如饴。

一个冬天和一个夏天不知不觉就过去了，得到张教练的悉心指导，沉寂了一年多的我，在第二年九月迅速实现突破，拿到了全国冠军。

而真正引起张教练的全面关注，得益于一场顽强的败局。

2002 年，张教练带着刘渊和我去阿塞拜疆巴库打一场国际邀请赛，我的对手是东道主国选手，他的爷爷是那个赛季拳击联合会的主席。我们打得非常激烈，那场比赛看似他赢了，但是我顽强又灵活的表现大放异彩。也是从这一场比赛当中，我更加深切地体味到，亚洲人的肌肉质量、密度、爆发力和弹性比不过黑人或欧美人，所以要以灵巧和技术取胜，一味攀比力量就是蛮干。

第二天一大早，张教练就把我喊起来训练：“来，你试着摸我身上！”摸拳，即收着力气打他肩，找拳的感觉。从那天起，我就一直在他身上试拳，他开始亲自辅导我——这个前一天刚刚输了比赛的队员。

直到今天，我也无法解释自己究竟凭什么打动了张教练。但张教练，我的师父，始终坚定，从巴库一战，发现我的独特天赋，之后就决意悉心保护，专心雕琢，让我在先天条件不占优势的情况下，坚信自己的潜力，绝不言弃。

每教我一个动作前，张教练都会把自己关在房间里研究很久。对着镜子，一次又一次，做得很熟练了，才走出来教我。他年轻时学的杂，因而教我的拳，融入武术摔跤的灵动，采南北百家之长。

他一看比赛，脑子里就能形成对拳路的深刻记忆。一个拳出来后，有什么破绽，哪拳露了破绽，哪里的防守差，马上输入他的脑子。他就模仿我对手们的风格，特别有针对性，我先在他身上“摸拳”，熟悉了以后，面对对手，可以最快进入状态。

和每一个对手开战之前，我都在张教练的模仿下，模拟过招了无数次。等到站在赛场上，我不过是“昨日重现”，完成正式版本的最后击倒。

只是“摸拳”这种特殊的训练方式，给了我最大的帮助，也在不知不觉中给张教练带来了很大的伤害。

一次世界锦标赛，在芝加哥决赛。张教练拿着手靶，我一拳挥过去，没收住力，他身子一震。我急忙问：“有事吗教练？”

“没事没事，继续，继续。”

一拳下去，他的牙都错位了，嘴里含着血，却仍然若无其事

地叫我继续。我太紧张了，一味想专注，不知道身边发生了什么，只剩下对手和拳路，一出拳，就把他当成对手，狠狠打到了他身上。一位五十多岁的老人，承受了一个二十多岁年轻拳手的一击。

终于有一年，我不能再打他了。他经常脑充血，颈椎不好，后来又被检查出颈椎体韧带断裂，可能是早期练武术，翻跟头弄断了。我的师父，跟着徒弟们一天天打，椎体一天天前靠。X 光片子里，差零点零几公分，椎体就会碰到颈椎，一旦碰上，要么瘫痪，要么半身不遂，甚至可能失去生命。

如今，师父开车或者坐车都不能睡觉，怕一个刹车，椎体就触了上去。稍微有一点点的震荡，他就会头晕不止。我总是愧疚，那些年，虽然不知道，可我一拳一拳过去，是不是一点一点就把他的椎体推上去了呢？我们坐长途汽车出远门，我总要给自己的行李里塞一件护枕，替他带着。

一个谙熟人心的教练，总能在身体状态和精神脉冲里找出一条通道，摸准命脉，像催化剂一样，让运动员体内本有的能量，喷薄而出。

亦师亦父，师父的能量在危急时刻爆发，让我在遭遇重大意外之际仍有底气临危不乱。

2008 年奥运会比赛期间，训练时，我的头被队友撞开一道血口，全训练场的人都被吓傻了。我用冰袋止着血，对身体疼痛已经失去了感知。明天就有一场比赛，怎么办！

师父在一旁看我止血，止血成功后，一句废话都没多说："去跳绳。"

所有人再次惊呆，突发这么严重的事故以后，他的指示竟是继续训练。

我训练，血不停渗出来，越练越心慌。从奥体公园出来，遍街都是欢庆奥运会的火热气氛，我们车里的空气却降至冰点，大家都不敢说话。我，我的陪练，我的后勤人员，大家都望着窗外想事情。

2004 年是铜牌，今年又搞成这样。我难道真的没有奥运冠军这个命吗？

大口子淌着血，连针都不敢缝。缝针必须要剪发，剪发一看就看得出来，第二天体检，教练裁判一定会取消我的比赛资格。

师父也望着窗外，一筹莫展之际，他已经想出了对策。

我们是东道主，按规则，我们比赛用的头盔、拳套可以先调出来，直接戴着上场比赛。师父就把比赛用的头盔拿出来一个，自己找来针线，亲手穿针引线，一针一针，在我伤口流血的地方缝纱布。牛皮很硬，针扎不过去，他费了很大的劲才缝好，缝好后，手中的针已经七扭八歪。

这样，血再流下来的时候就会被纱布吸住，别人就不会看到了。第二天去体检，不能剪头发，不能缝针，我拿啫喱水把伤口附近的头发粘成“盾牌”，把伤口挡住，戴着帽子去称体重。安全通过。

半决赛的对手，我在世锦赛上遇到过，是法国队的，当时大比分赢了他。这次因为身上有伤，我不敢更多肢体碰撞，一直落后到第三回合。

最后一回合上场前，看了一眼记分牌，我还输一个点。从休息的角落，走到中间台上要继续开始的那一段时间，我脑子飞快地旋转，我千万不能输，千万不能输，一定要顶住，一定要顶住，输了这场，多年的梦想，四年的等待，2008 年这块自己家门口的金牌就成为泡影了，不能放弃，不能放弃！

在命运暗置的玄关，信念是最大的天使或恶魔。当时，如果我的心理防线崩溃，有一丝一毫一点儿的放弃，很多未来的日子就改变了。一念差池，天堂地狱。好在有师父在，只要有他坐镇，我就能稳住自己。

时间过去一分钟多一点，我找准机会，一阵组合拳打过去，把对手打趴到了地下。结束铃声响起，比分显示 3∶3 打平。等待结果时，裁判一手抓一个选手，等待下面计点终报。我在心里默念一定要拿到，师父也在台下跟我一起紧张。

报幕——3∶3 平，大点，小点，微弱的优势，裁判举起了我的手！

这一场煎熬和惊吓前所未有，我下了场后，整个人都瘫软下来。到了第二天的训练场上，我像是病了一样，打不起精神，动作迟缓。师父见我怎么也不在状态，第一次爆了粗口："你是干吗啊？练的什么狗屁！"

"你以为你是谁，只是在世界锦标赛的领奖台上你是冠军，你在奥运会就是一个第三名，就是一个失败者，你别以为你什么狗屁冠军！"

头上的血口还在剧痛，整个拳击队的夺金压力压在胸口，就连我最尊敬的师父也骂我，我忍不住了，一度快要放声大哭。

“去，拳台后面把它全部发泄掉！”师父一摆手。

我到拳台后面大哭，又跑到拳台上大喊……直到师父喊停：“可以了，好，去训练！”

其实我训练时动作慢，不仅因为前一天担惊受怕，更是由于心里总在悬着“我头上有伤，不能撕裂”，前怕狼后怕虎，畏首畏尾。师父用极端的方式激怒了我，逼出了我前所未有的杀气，所有犹豫烟消云散，血液涌进脑子里，我咬着牙，整个竞技状态都提起来了。第二天比赛时，对手连摸都摸不到我，我就这样一路高歌猛进到决赛，拿了金牌。

这一次惊心动魄的教训过后，每逢大赛，师父都要早早开始叮嘱我：“一定要小心，不要大意，不要阴沟里翻船。”早上说十遍，午睡起来还要说，从头到尾，一直说到裁判举起我的手，宣告胜利。

这种失误太可怕，我们都再也失误不起。

经过辛苦的备战和紧张的比赛，得奖后站在最高领奖台时，是所有弟子最想和自己的师父分享荣耀的时刻。每当这时，我目光急急穿过人群，却几乎每次都找不到他。2008 年奥运会拿金牌时，没有，2012 年伦敦夺金，也没有。

有一年世锦赛我夺冠后，拿着金牌下来，到处找师父。后来发现他就在观众席的角落，守着我的包，静静地睡着了。太紧张了，太疲倦了，太多的脑力损耗，太紧绷的心神，他已经没有精力跟我一起分享那些胜利的瞬间，在我夺得金牌万众瞩目的时刻，

他，作为夺冠的第一功臣，疲惫地睡倒在观众席的行李包旁。

唯独有一次世锦赛，主办方一定要请冠军教练上台，我和师父才留下了领奖台上的珍贵合影。事了拂衣去，深藏功与名，照片上的师父老了，却更多了几分宗师气派。

“优秀运动员不是天才，是靠努力。因为运动员的能力是历练出来的，经验是总结积累出来的，情绪是调整出来的，技术是设计出来的，战术是变化出来的，协调是游戏出来的，冠军是靠意志品质、智慧能力和高超的技术拼搏出来的。”

对于师父而言，时刻总结自己的训练理论是一个优秀的习惯。当我的打法被西方媒体称呼为“海盗式”时，师父和我既不认同，也不喜欢。我们运用的，是毛泽东的红色打法，红军过草地，四渡赤水的打法，我和师父都非常热衷研究毛主席的军事思想与策略，红色打法正是来自主席军事思想的启蒙。

“既然西方人这样评价我们，他也就是怕这样的打法，他们越怕，我就越用这种打法，OK，海盗就海盗！”

虽然我与师父朝夕相伴几十年，但对我来说，永远和蔼可亲的他身上始终笼罩着一层挥之不去的神秘气息。这份神秘，除了源于少年时听闻的他的传说、他不自觉中表现出的高人风范、他不知来路的神奇制胜理论，更是源于他超乎寻常的神秘直觉和破解命运的能力。

早年间，拳击队去哪儿都是“全军覆没”。体育总局开会的时候，体操队、乒乓球队这些强势队表决心：“我们要拿多少多少块金牌！”

我们却是这样表决心：“出国无小事，我们绝对不出事！”

就在这等大势之下，拳击队开大会，师父说：“两年后想拿世界金牌，五年以后要拿奥运金牌。”

其他教练不作声：大白天说梦话，这个人是糊涂了吧？

后来，他带着我做到了。他的魄力、预见能力、从我身上看到潜力的伯乐之技，都超前到令人惊讶。

2008 年奥运会之前，师父去代我请毛主席像章，正好碰上一位算命先生，“大仙”闭着眼算了一卦：“中国拳击队有一块金牌，但不是邹市明。”

“怎么可能！现在他就是一线，除了他，得金的还有谁？”

这种事不算还好，一算，心里总是要嘀咕起来。

师父不是迷信之人，但为求破解，他开始一切都反着来。我们本在国家队，他坚持要回贵州训练，不管“搞特殊化”的忌讳，不顾领导的反感，他承担下所有的责任，执意带走了我；中国队集体入驻奥运村，我们选择住进奥体公寓；以前我们都打防守反击，那段时间他训练我以进攻为主。

那个闭着眼睛算命的“大仙”，或许真的“预见”了后来的波折：我赛前撞破头，险失资格；而 2008 年，中国拳击队真的在 81 公斤级又拿了一块金牌：选手张小平，确实不是夺金种子，连滚带爬拿了奥运入场券，又连滚带爬拿了块金牌，是出乎所有人——包括他自己——意料的大黑马。

“中国拳击队有一块金牌，但不是邹市明。”一个也许是无根无据的妄言，让后来的我每次都细思极恐。

命运太强大，但师父比命运更强大。他用实，破解了虚。

如果不是一切逆流而行，打破惯性，从重点训练防守转向猛练进攻，对战法国拳手那一场，负伤落后的我不可能在最后一刻用组合拳打趴对手，终得险胜。

我一直不知道张教练的这些能力从何而来。除了听他说过小时候喜欢看《毛主席语录》，喜欢战争片等男孩子都热衷的东西，我对他仍然不甚了了。他那一套完整的思想体系，他那些驾驭人心甚至与命运掰手腕的能力，犹如黄河之水，不见来处。

我无法洞悉师父的思想渊源，却感触于他的发色变化。

2004 年，体力和技术正处于巅峰期的我，在师父的带领下，向雅典奥运金牌冲击，终因经验不足，只拿到了铜牌。也就是比赛前后的一夜之隔，师父的头发由黑转白。焦虑与压力再大，师父总是自己消化。

有一段时间，师父很在意自己的发色，时常对着镜子问我："这样看着老吗？"于是，他用染的方式偷偷将白发掩盖，除了我，没有人知道他的发色几乎接近全白。

一次，出国比赛，走得匆忙，看到师父的头发已露出花白色，我暗暗去小卖部为他买了瓶染发剂。到了目的地之后，师父打开染发剂纸盒却忍俊不禁："市明，你小子给我买的染发剂是红的！这不变成老毛子了吗？"

后来，师父的头发就真的再也没有染过，一头银发成了智慧的代表，"中国张"的象征，十分有范儿。

从 17 岁到 32 岁，师父带着我经历着赛场内外的风风雨雨，堪称最了解我的人。而我，也从未让他失望过。

2013 年，当我做出投身职业赛场的决定时，作为最了解我梦想的师父，向外界发布了自己的态度：邹市明已经成家立业，有位支持他的妻子和一个活泼健康的儿子，今后的路要自己去走，不需要和我商量，只要他认为对的我都会支持。

我向师父辞行时，也曾透露过想请他去美国继续指导我的意愿。然而师父却只是挥挥手，徐徐地说："是时候该一个人走了！"

是啊，小鸟的翅膀硬了，就应离开大鸟的保护自立门户，我也在赛场上摸爬滚打了许多年，即使师父不在身边，也是时候自己做自己的主心骨了。

虽然离开了师父的视线，但是师父的影响，在我身上留下的烙印，早已经长成了我身体的一部分，无法割离。像结婚多年的男女有夫妻相一样，我们师徒不知不觉，竟然越来越像，有了"师徒相"。

永远记得这样的一幕：一次，我们去法国比赛，拳击场边不时有相熟的老队员来打招呼，看着我和师父，两个法国同行一直争论不休。

终于，其中的一个兴冲冲跑过来："Hi，邹，我们正在打一个赌：你们是不是父子？"

"是。"未及我回答，师父的话音已响在我耳边，我转头看过去，他的表情淡定而温暖。

负责询问的法国人一定是赢了这个赌局，高高兴兴地跑开了。

一声“是”，是两个男人的情感连接。与您共度的时段，长于我的任何亲人朋友，甚至自己的父亲母亲。您将世间最宽容的爱心与耐心，都给了我；我们生命相连，共同缔造了中国拳击的伟大梦想。

这一瞬间，万千情绪在内心翻滚。我禁不住眼角一热，泪水悄然滑落。

学习去打

2013 年，当我乘坐着 TOP RANK 的加长版林肯抵达拉斯韦加斯时，凉风中，一个身穿 T 恤的老头早已站在威尼斯人酒店门前等候。他就是我职业生涯的新教练，大名鼎鼎的弗雷迪·罗奇。

当我提出和他合影时，他忽然变得严肃："不行！"

我当时一愣神，但很快他露出恶作剧的表情：玩笑而已。

就像好朋友重聚一样，这是我对罗奇的第一印象。

罗奇在好莱坞拥有一个拳馆。当你是一线拳击手的时候，想在拳馆得到罗奇的指导，要奉上出场费的十分之一作为费用。

罗奇 3 岁开始接触拳击，18 岁时成为职业拳击手，最辉煌的时候是 22 岁时最后以一步之差与拳王称号擦肩而过，还没来得及从头再来争夺拳王，却检查出了帕金森症，六场比赛输了五场以后，不甘命运的他失落地脱下了拳击手套。但仍不忍离开拳击，便做了拳王背后的男人——职业拳击教练。作为 WBC 终身成就

奖获得者，他培养过多达数十位拳王，好莱坞巨星米基·洛克和篮球明星大鲨鱼奥尼尔，都是他门下的高徒。

“除了拳击，我不知道自己能做什么。”

罗奇从小与拳击相伴，所有的生活都围绕着拳击，他的拳击馆就像是这个男人的心脏，以强大的吐纳保持着主人的活力。平时因为病痛折磨而行动迟缓的他，一上拳击台，身手敏捷得像换了个人。拳击给了他第二条生命。

他亲手将帕奎奥从一个裹着报纸在天桥下避风的流浪汉培养成了名震天下的一代拳王。如今，我是他寄予厚望的下一个弟子。

他试着给我教动作，并选择职业选手陪同我训练，我领悟很快，表现出赛场上的压制与主宰力。这一切，让他欣喜不已，他难掩对我拳击天赋和进步速度的欣赏。我们合作训练的开局显然是开心的，这让洛杉矶这座城市充盈着一股暖风熏人醉的气息，他甚至兴奋地告诉媒体：“我觉得邹市明可以在五场后拿到金腰带！”如果真是五场拿到的话，那可是创了纪录啊！

然而，我们的“蜜月期”在头两场职业比赛打完后无情结束。

“这人谁啊，从业余赛场错跑过来的吧？”

“在职业赛场上打业余赛，啧啧。”

虽然我赢得了比赛，但外界的评价充满揶揄。站在拳台上的我，似乎瞬间切换到了往昔的奥运时代。所有罗奇想从我身上剥离舍弃的东西，全都回来了。不只是一半，而是一切，一切都回来了。

“我曾经打过150场业余比赛才进入职业赛场，邹市明的问题让我想起当年的自己，当时我的第一场比赛也很紧张，所以我认为，邹市明在第一场比赛中没发挥出自己的训练水平是很正常的。”

赛后，面对媒体的罗奇给予了这样的回答。

此时，罗奇还对我抱有耐心。

3 个月之后，第二场比赛，我又赢了，以一种罗奇并不满意的方式拿下了比赛。大量业余拳击技术的应用仍然存在，最重要的是暴露出体能的弱势，这是罗奇最为焦虑的地方。

从体能入手，罗奇加大了我的训练强度，各种训练器械轮番考验我的身体，训练用的跳绳就足足几公斤重。但改变业余比赛的习惯不可能一蹴而就，况且我的肌肉记忆是经过了近 20 年的积淀。手靶练习的时候，我的拳感都改得很好，可是一到赛场，20 年的反射弧又回来了，最明显的表现就是重心容易变高。一而再，再而三，罗奇慢慢开始焦躁起来。

2013 年 10 月，我随帕奎奥前往菲律宾进了一次训练营。就在这里，罗奇对我的耐心全部用完。

“Go home!”

当我的动作和力度没有达到罗奇的要求时，他向我发出了这样愤怒的吼叫。

身边的莹颖比我更紧张，但她依然温柔地翻译给我：“教练让你先休息一下。”

我不懂英语，但我读得懂空气，看得懂罗奇的语气和表情。

这可不是让我回房间休息，而是让我滚回中国算了。我的情

绪极端低落，几乎流下眼泪来。

在中国，仰仗无与伦比的比赛成绩，我成为无人比肩的冠军。如今受到这样的羞辱，我引以为戒，更引以为耻。

我在房间里挂了一个弹力球，时时刻刻都在想着要怎么打，有时候想到关键的动作，半夜立刻爬起来，对着球继续练习。

“不要一对抗就站起来，不要打了就跑！”我每天都这样自我暗示。

在由奥运转向职业的道路上，我需要调整部分，还是更新全部？当思考走进一个死胡同，我想起了师父告诫我的“不完美”理论：“我们一开始就不是完美的，身形不完美，力量不完美，可我们就是靠着一点一点反复练习短板，最后没有弱项，甚至没有弱项到没有明显的强项，才能保持十年不败。”

一个人的弱项就像唱一首歌时跑调的部分。把跑调的部分拿出来，反复练习，练好了后再串到一起，就成了一曲完美的演唱。我的拳击乐谱改变了，有跑调的部分，我就要顽固地让自己适应新的旋律，一次又一次。

在对抗中容易抬起重心，我就把弹力球看成对手对打。打它一下，它快速地反弹回来，我冷静地迎着它，默念：“不要起来，不要起来！”我在缠斗的，不仅仅是一个小球，更是陪伴我多年的身体记忆。

职业拳击的江湖冷酷直接，罗奇带领我去帕奎奥的领地特训，一方面是引领我学习帕奎奥的风格，一方面是刺激我成功的欲望。他给我看财富万贯和声誉满天，也给我看一个复出后战士的刻苦凶悍。

“观众花钱买票看的是 KO，是更娱乐的重拳。”

当我努力调度起自己对于拳击的领悟，在罗奇近乎碎碎念的调教下，逐渐打破了奥运拳击技术套路对我思维和动作的封锁。

一个坚不可摧的拳手，本身就是能把对手撕成碎片的狮子。

第三场职业赛，对战墨西哥选手胡安，8 个回合数是我奥运比赛的 2 倍。勾拳、刺拳、重击以及闪躲，我不再步步后退，而是以连续的进攻反击质疑，凭借攻守之间的进退，把对手打得皮开肉绽。

“忽然之间开窍了，”罗奇评价说，“我作为教练不能教他，距离到底应该保持多少？现在要退后一步还是前进一步？只能自己去悟，那么市明可能最后自己悟出来，所有的一切都迎刃而解。”

去悟，如何悟，才不会错误？我与罗奇的关系虽然趋于缓和，但对于自己的风格摸索，我依然需要师父张传良的支持。因为，他是世界上最懂我打法的人。

2014 年 7 月 19 日，在澳门威尼斯人度假村，我迎来了第五场职业战斗。我特意邀请了师父前来观摩。就在我胜利结束 10 回合比赛的拳台上，我将两位教练一道请了上来，这是师父与罗奇的第一次会面。

虽然师父不在我身边，但他时刻通过微博关注着我的一举一动。当我走到职业比赛的第 5 战时，他的出现是对我最大的抚慰与鼓励。

“不发展就永远是井底之蛙，发展就有发展的过程，只有自己强大才能与更强大的对手较量。职业拳击是这样，奥运拳击也是如此。”

针对我的比赛，师父细心地分解各个动作的细节，并主动与罗奇的进攻理念结合起来讲给我听，仿佛是一次美好的重温。

“你有很多机会 KO，为什么不 KO 掉对手？”

赛场上不能留余地，要以最快的速度斩获敌人，罗奇的战斗观和人情味完美结合于职业拳击的商业气质中。从 10 个回合到 12 个回合，我很想实验一下自己的耐力与强度，也很想将原本预定的战略战术都打出来。但是罗奇的想法并不如此：你不应该在比赛场上实验自己，你要成功就要抓住任何一次机会，千万不要冒任何风险。

2015 年 3 月 7 日，我与泰国拳击手伦龙争夺我的第一条职业金腰带。这次对决，我完全按照罗奇的战略进攻，但伦龙的跑跑打打，使得罗奇的策略完全失效。尴尬的结果，使得罗奇与我同时陷入了困惑。

通过我职业拳击多轮的比赛实践，两位教练理念的融合与对撞，也在同一年的世纪大战——梅威瑟 VS 帕奎奥——决战中得以彰显。

这场大战，技术反击型打法的集大成者梅威瑟战胜了攻击型拳手帕奎奥。正如感性的人爱帕奎奥，理性的人爱梅威瑟一样，两位拳王的风格各异，帕奎奥更勇敢，梅威瑟更聪明。

“市明不用变打法，梅威瑟就是榜样。”师父观摩完世纪大战后，给予陷入失败阴影中的我非凡的点拨。

他进一步指出："进攻型拳手诠释的是拳击的品质，防守反击型拳手诠释的是拳击的艺术。邹市明在能力上要加强，但不要改变自己的风格打法，他的打法与梅威瑟一样，都是技术反击型。"

十几年来朝夕训练，共担荣辱，时光早已把我们一部分生命熔铸在一起，只言片语间，我们有一种神奇的感应，千万话语俱在不言中。

结束一天的训练，我疲倦不堪，正打算泡个澡，忽然收到师父的微信："认真练好每一堂课，认真吃好每一顿饭，认真睡好每一次觉。这是对自己的责任。"

每一个字，每一句话，都仿佛是最好的心理医生，在帮助我舒缓压力。

"我现在好想你啊。"

男人的情感表达是晦涩而小心的，只有面对从我十几岁时开始陪伴的师父，我才偶尔可以如此直接而脆弱地表达自己。

半晌，他回了一句："我可以感受得到。市明，我也很想你，你在那边好好保重。"

我知道此时的师父已经从国家队退休，已是耳顺之年的他，颐养天年的同时也难免寂寞。

我决心，把我的"张爸爸"接来美国！

但当我发出这个邀请时，师父的态度却很分明：可以来，但不参与我的训练。但我自有我的"自私"想法：张传良是中国最牛的奥运教练，罗奇是世界最牛的职业教练，两位教练各有各的风格，各有各的棱角，如果两者能结合，我既能借中式宗师之力，

又可取西式名教之长，中西合璧，何愁无敌。

但另一个担心也来了："两个最杰出的教练，会给对方面子吗？"依据之前的惯例，选手自己的教练只在拳馆中起协助作用，比如递个毛巾之类。显然，我的这个想法严重低估了师父与罗奇的博大气度。两位东西方大教头的同时出现，引来了当地许多媒体前来采访，每到这时，罗奇都会很认真地邀请师父出场："张，你上来带一段！"

两位师父，就这样互相认可，互相尊敬。

如果说张教练在东北四处学艺的时候，走的是中国最传统的路子，从武术到摔跤，是中国深厚武术传统下熏陶出的武人；那出身拳击家庭、师从传奇拳师埃迪·富奇的罗奇就是西方拳击文化的典型代表。

当我与师父一起回顾奥运生涯与职业生涯的感悟，对比中西方的教练思维时，师父的观点充满了东方的谦卑与西方的开放："竞技体育的发展，已经成为各种学科、文化、知识、理论智慧的高度汇总，且处处充满哲学，像一本百科全书，永远写不完也读不尽。教练本身就是一本教科书，在教人的同时不停地调整和完善自己，所以世界上没有哪位教练的训练永远是最好的。"

师父和徒弟，总可以有太多的故事，师徒关系也是我人生大戏的重磅戏码。罗奇教会我进攻，师父教我躲闪和捕捉时机，中西大师的功力在我身上碰撞，帮我将职业版本的凶悍强势融入奥运版本的灵活腾挪中，进而磨炼出一双东西方交汇的铁拳，成就亦中亦西、兼容并包的"拳王邹"。

经过三年职业选手的训练，我已经打好了扎实的职业基本功，同时我意识到，也许我没有巨大的体能成为下一个帕奎奥，但我可以利用自己的条件，同时提升攻击与防守的双重功力，我一定能成为一个最好的邹市明。

延续着上述美好与科学的训练模式，2016 年备战拉斯韦加斯拳王大战期间，63 岁的师父又亲自陪同我到洛杉矶训练。

每天 6 点，依然和我一起到达拳馆；每天，依然参与我的实战训练。

我的战术在师父的全方位关照下，与罗奇职业拳击的策略紧密结合，依靠灵活的移动与主动的攻击，大比分战胜老对手坤比七，夺取了 WBO 拳王金腰带。

21 年的梦想终于圆满！

一位似父亲，一位是朋友，感谢两位伟大的教练，是你们的付出与奉献，让我在东西方的文化时空中实现了奥运冠军梦和职业拳王梦。

下一个梦想，也许是成为最好的你们！

第七章

伙伴

专业的，
职业的，
你们。

中国队长

“我会一直陪你到最后。”

一句话，道尽“美国队长”罗奇对一个国家的承诺。

从 20 世纪 40 年代诞生开始，这位超级英雄一直被誉为美国电影中最具主旋律的爱国者。

身穿红白蓝三色星条旗服，手持盾牌，完成种种不可能的任务。如同随时可以配置的顶尖装备，他的不死之身，也来自他所效力的国家的保护、滋养与支撑。

我很骄傲，我也曾是一名“中国队长”，中国拳击队的队长。

2016 年，又到了奥运季，虽然自己不在现场，但不会放过关注每一场比赛，为他们的笑脸而激动，为他们的委屈而心疼，我仿佛看见那个曾经的自己，以国家队长的身份参与伟大的奥运。跌宕与荣光，竞赛与情怀，我在第一时间写了一封信鼓励我的师弟师妹们：《里约奥运，中国加油》。

平日我们训练需低调，战时我们要高昂。我们的口号是：“背水一战！”因为我们没有退路，必须改变当时中国拳击的状况，走出中国特色打法的路径，决心摘掉扣在我们头上多年的帽子，再也不能忍受游离在我们身上不屑的眼神。我们强忍着思念的孤独，硬顶着训练的强度，每个深夜身上的酸痛让我们辗转难眠，每个清晨拖着疲惫的身躯又必须像打了鸡血似的挥汗在拳台上。

在重大的比赛里不光需要技术、战术、体能、反应、意志品质，等等，还需要心理的包容。包容整个拳台以及包容拳台以外，教练、对手、裁判，甚至观众。我们不能输，不能轻易放弃，对我们来说，输了一场比赛就等于输了四年。谁都别想动摇我的意志，就是最好的赛前保护，哪怕半夜打到房间让你放弃的骚扰电话。

在大赛中，每个细节都会决定你的成败，在比赛的回合数里，时间分分秒秒地度过，那就是你平日努力的证实，赛前不要过于计较结果，也不要过多地预测，毕竟还没发生就一切皆有可能，这就是奥运会。谁的青春都可贵，毕竟四年一次，下一届事是人非，你又能预测下一个四年会是什么样子呢，那就把握现在吧！这也许就是奥运大赛带给你的苦与乐，但最终你经历过后再从头翻阅时，那只是一段快乐的旅程，胜败得失只是青春岁月的见证，毕竟不是谁都能代表自己的国家踏上全世界最高最大最历史性的体育殿堂的。

国家队和国民最集中见面的机会，终归还是奥运会。炎夏漫漫，观赛消暑，怀着一颗爱国之心，心脏随着赛场上的队员们一起扑腾、扑通。

妈妈爱看奥运，不光看她的儿子，也爱看其他的队员和教练。当她看到几张熟面孔，不时要惊呼一句："嗨，他这么老了，四年！"

四年一轮回。在奥运进制里，人老得特别快。

有资格被喊"老"的，还是经历层层筛选，终于上了台的。在镜头摇不到的远处黯然离场的，比在镜头前老去的，更多。

关于中国体育，关于举国体制，当外界响起喧嚣的评议时，我的心底涌起的却是感恩与珍惜，作为一名老国家队员，也作为一名走出体制的运动员，体制内外的风景，对于我有着旁观者无以体察的真实与立体。

作为奥运卫冕冠军，我似乎没资格诉说"国家队"的残酷——比如"浮生恰似冰底水，日夜东流人不知"。与我的名声相比，不为人知的不是一个个体，而是整个战队。

在奥运团队里，张教练自不用说，还有我的陪练、按摩师、营养师、医生、司机……他们是与我朝夕共处的人，虽然没和"拳王邹"一起被推上神坛，却不得不和我一起被"打包"封闭。所谓国手，是国家的秘密武器，刀一出鞘只为见血，不需见血时，就要好好地藏起来。

中国拳击队，曾是我的家。我想有必要透过我的视角，回顾一下"神秘"的国家队岁月。

翻阅我在国家队时期写下的博客，枯燥相似的内容每天都在进行着单调的重复：体能训练、技术训练、食堂、集体宿舍、到处打比赛，日复一日，就是全部的生活。每一个环节都好像齿轮的精确咬合，处在公众想象外另一重生活的我们，就在这个巨大而闭合的机械系统中生活和闯关。

成功的运动员，也会以公众人物的形象，出现在综艺节目和广告中，但基本是作为阳光正面的国家健儿形象代言人，与娱乐明星有着本质区别。市场行为、公关品牌，这些商业社会的产物，围绕着运动员高效率疯狂旋转，身处其中的运动员，需要如暴风眼一样平静，在激流迷乱的风涡中，凝息对待拳击本身。

多数时候，我们运动员是很寂寞的一帮人，甚少有伙伴，更无社交。

备战 2008 年奥运会时，我们在贵州清镇。清镇山水环绕，环境清幽，饭菜有营养，训练很辛苦，生活好枯燥。

地处贵阳郊区，清镇离市区很远，森严的大铁门一关，谁也没法出去，我们就被关在这好山好水好寂寞的训练基地，终日训练。

国家拳击队全体窝在乱糟糟的集体宿舍里，训练量大，生活繁忙，楼道里到处可见臭烘烘的袜子和鞋。那时候，国家队还没有组建女子拳击队，整个队像个和尚班，没有什么接触女孩子的机会，一群小伙子混在一起。

那时，我有三个玩得好的朋友，每次训练下来，都会一起聊聊天、吃饭、洗衣服之类的。

中国人好美食，也重养生，食疗级的饭菜成为队员们的日常大餐，每天有炖好的虫草、鸡汤，甚至不乏鲍鱼这样的高档补品。但再硬的营养餐也禁不住天天享用。大菜小酒，是我和队友们更喜欢的搭配。

隔壁射击队有个小伙，总是喜欢跟在我屁股后面跑来跑去。结束了一天的训练，飞速去食堂打了菜带回去，先洗澡换衣服，拎着菜去那个小伙的房间，关好门，桌子一拼，菜摆好了，开几瓶啤酒，就到了一天最开心的时候。

我们嘻嘻哈哈，吃着饭喝着酒侃着大山，训练的疲惫和大赛前的压力都在玩闹中忘却，就像小孩子一样。

今天的训练在满身汗水中结束，明天又有更重更辛苦的训练任务等在前头。一天 4 个小时的自由时光，对我们像是干枯的沙漠里一颗巨大晶莹的水滴，我们舍不得用在按摩上，纷纷偷偷跑去打闹、聚餐、大口呼吸着自由的风。

“啊！啊……”

不喝酒的时候，我们就跑去清镇的山头喊山。傍晚的山群，郁郁葱葱中有一种灰暗的静默，恰恰映衬出年轻的我们身上跳跃的寂寞和无处发泄的活力。

我们一起对着对面山头大喊，接着就能听见山对面准时杳然而至的回音，尾音重重叠叠越来越微弱，仿佛带着我们的心飞去了很远很远的地方。

“那么高强度的训练，谁不偷懒谁就是傻瓜！”

我们或许是一群调皮又不好管教的队员，可能恰是因为懂得

放松和平衡，反而取得相当好的成绩。在后来奥运会比赛中，我们这群伙伴拿了两枚金牌、一枚银牌，只有一位队员意外没有入围。

除了一起拼、一起贫的“酒肉朋友”，还有一个围绕着我们的服务团队，但并不像传说中的高大上，更多的是实用的因地制宜。运动员的伤都是很深的老伤，训练时的扭伤、筋骨伤，一不小心就落下病根。加之一比赛又加剧，没有足够的时间恢复就要进行下一步的训练，层层积累，就成了老伤。我右腰处的老伤，经常需要按摩才能缓解病痛。张教练并不喜欢请专家，他更喜欢从搓澡堂子和按摩店里请按摩师，帮我捏腰，舒展已经接近钙化的经络。市井江湖的小人物，却有朴实肯干的素质，他们有着一份手艺人的自觉，恰到好处的揉捏推拿使我得到放松与恢复。

作为一名专业拳击运动员，更多的痛苦与压力来自平日漫长单调的训练，比赛倒是一种相对的放松。因为没有了繁复的训练流程，只有相对简单的准备工作。

随着成绩的提升，我从重点队员成为种子选手，乃至后来的“1号”，成为国家级的超级保护对象，身边的教练却永远是张教练，在他独特而科学的理念指导下，由他组合起的10多人服务团队，包括陪练、按摩师、技术科研团队，成为辅助我不断登顶的有力保障。

比赛越艰苦，越思念最爱的人。为了见面，她会千山万水地飞到清镇，以及任何一个我冬季集训的地点。

莹颖喜欢清镇。清镇的训练场是个废弃的军用机场，久而久之，路上长出了半人高的草，真有点“风吹草低见牛羊”的意境，尽管破旧，却非常美丽。许多次，训练后短暂的闲暇中，我和莹颖相约在长满草的山坡上看星星，唱不成调的歌，许下海誓山盟的甜蜜誓言。

然而她第一次来清镇看我，却闹出了一个不大不小的尴尬。

“猜猜谁来了？”

刚训练完，吃过饭回到宿舍，我的眼睛便被一双软软的小手捂住。

不用说，是莹颖。

“你怎么来了？”

我又惊又喜，更多的却是慌张。队里的管理是半军事化的，有不成文的规定禁止恋爱，万一教练来查房，看到莹颖在我宿舍里，我该怎么向他解释和交代？

“想你了呀！”

她理直气壮地说，娇憨的样子像只小熊。

这时门外的楼道里忽然响起了脚步声。

“嘘！”

我示意莹颖先别作声，蹑手蹑脚地走到门口打开一条缝，果然是教练来查房了，现在我可怎么办？

目光落在宿舍一角的布面折叠衣柜上，我急中生智，指指衣柜不出声地对她说：“快快快，先躲衣柜里面去，我们教练查房来了！”

衣柜的底下被队友挖了两个洞，刚好放下人的两只脚。否则，

无论是谁躲进衣柜踩下去，柜顶的布面就要塌了。

“人都到齐了没？”

教练的声音在门口响起。他推开门环视了一圈宿舍，目光好像还在衣柜上额外多停留了一会，我心里紧张，却不敢表现出来。终于，他好像没发现有什么异常，又拉上门走了，我心里的石头才落了地。

“你可吓死我了！”

刚从柜子里出来，莹颖的小拳头就雨点一样落在我身上。

长期的集训生活，身边总有一群人围绕，集体生活过惯了，在我身上遗留下专属于集体生活的后遗症。哪怕和莹颖约会也会以“集体参与”的方式进行。

莹颖提议我们去饭馆吃饭，我转身就打电话问哥们儿：“我们去哪哪哪，你去不去？”

“去去去！”

一旁的莹颖翻个白眼：“我不去了。”

“啊？为什么？”我一头雾水。

“什么是二人世界，你懂吗！”她嘟着嘴一脸不高兴。

结婚多年以后，莹颖还不时忍不住嘲笑我们当时的“集体蜜月”。我们结婚时，只有一个星期的假期，匆匆忙忙领过结婚证后，很快就要归队备战2012年的奥运会，我打算给莹颖一个惊喜，于是抽空约她去了海边。

队里的兄弟们听说我们要过蜜月，纷纷主动说要帮我们安排一个完美的蜜月之夜。在沙滩上，我们点起99支蜡烛摆成了一个心形，又铺起一块野餐布，将早已准备好的烛光晚餐在野餐布上摆好。夜幕降临，月光从天上洒到海上，银色的大海，白色的沙滩……

莹颖来了，她像海中的仙子一样出现在沙滩上，我们四目相对，一切尽在不言中。

这时身后却爆出了一阵欢呼和口哨声，队友们涌到沙滩上，齐刷刷地喊道：“拜见嫂夫人！”

莹颖又感动又有点尴尬，“噗”的一声笑了出来，我们的蜜月之夜，顿时成了整个国家队的“团体蜜月”。

无论恋爱还是蜜月，乃至终成眷属后的吵闹和冲突，队友们总能成为我们情感生活的见证者。

我们最激烈的一次吵架发生在轩轩的1岁生日聚会上。

枯燥的训练中难得放松一次，我请来了爸爸妈妈和本地的一群好朋友到山庄上好好聚一聚，宾主尽欢，高兴极了。

到了夜里，爸爸妈妈和一些朋友都散了，莹颖也抱走轩轩回了趟住处，哄睡了宝贝轩哥，她又赶回山庄找我。

我和拳击队的好友们还酒兴正酣，正在大呼小叫、热热闹闹地划拳。

“回去休息吧，时间不早了。”

莹颖的面色有点不悦。

“我还想再玩一会儿，难得聚一次不是？”

我不大情愿。

“孩子都睡了你还不回去？”

她的嗓门高了八度。

“去去去，你先回去，”我还不依不饶。她脸色一沉转身走了，我跟上去又叫道，“我平时天天训练难得玩得这么高兴一次，你干吗老来扫我的兴？”

“我现在就跟你离婚，你玩一辈子得了！”

“离就离！”

我一肚子的气，又回到山庄继续跟大家喝酒划拳。突然，大家安静得有点不对劲儿，身边一个队友悄悄捅了捅我，只见莹颖正抓着一只酒杯，想把杯中的酒倒掉，队友慌忙去拽她的手，没想到杯子飞了出去，一块碎玻璃弹到了我的脸上，血立刻从眉边流了下来。

全场的人都吓傻了，那一天，离比赛只有一个月。

队友们赶紧拉我去医院，临走我还撂了几句狠话：“冉莹颖，你太过分了！明天我们就离婚，这日子真过不下去了。”

她不作声。

忍着痛苦，伤口缝了三针，没有打麻药，怕临比赛检测出兴奋剂。为了让我休息，队友们都撤离了。刚才的一切喧嚣忽然静止，病房安静得让我不知所措。

莹颖忽然出现了，脸色仓皇，好像惊慌的小鹿，整个人发着抖。看到爱人的失措，我瞬时失去了怒气。

“我们走吧，乖，我没事的，别怕。”

我走到她身边，声音终于柔和了下来。两个人又搂在了一起。

不是我不善解人意，不是金牛座的自己不懂浪漫，而是集体生活给我烙下了太深的痕迹。面对爱人撒娇式的无礼，我的生活方式有时更无理。

习惯了身边总是有人，习惯了去哪都一窝蜂，只因太怕寂寞。

一次朋友聚会，一群人在一起吹牛，我有点困，在旁边打盹。大家看我困了，怕吵到我，说要走，我连忙拦住："你们别走啊，你们走了，我就得醒了！"

国家队好多队友都是一样的，晚上睡觉，电视机是不可以关的，一关，没声音，马上就醒。后来和莹颖一起，怕吵她睡觉，我只好戴着耳机放着广播入眠。

在安静里无法安然入眠，噪声反而是我最好的伙伴。

睡眠一直是个挑战。我以前必须要用被子蒙住头才能睡着，神经太紧张，不蒙头就会整晚整晚的失眠。张教练也是一样。

作为一位拳王，一把国家级武器，胜负，输赢，前途，毁誉，让外面的世界变得极端又危险。白天，我还能用强悍的双拳和世界讨价还价，可到了夜里，我卸下铠甲，不过一具肉身，只有紧紧裹在胸前、蒙住头顶的一条被子才能保护我，把我与不那么充满善意的黑夜相隔离。

在谣传中的世界末日 2012 年，我看了李安的《少年派的奇幻漂流》。我想假如我是那个漂流少年，估计不等老虎来吃，就会自生自灭。那种全世界只剩下自己的空旷静寂，我消受不起。

围着"更高、更快、更强"的指挥旗转了十几年，我注定只能活在高强度和快节奏之中。习惯了高度紧张的人，不会死于高压，却会被平静杀死。

心理专家说，21 天以上的重复，会形成一个人的习惯。而我，已经 21 年。即便我走出了国家队，一种根深蒂固的模式早已成为我生活的方式。

2016 年奥运会前夕，作为已经退役的老队长，我去给队里的师弟师妹加油。晚上把以前的国家拳击队老队友们召集在一起，又吃了饭，喝了酒，重温昔日无比熟悉、无比亲切的集体生活。

曾经一起吃过苦的兄弟，如今分散在各地。退役以后，有人还在继续打，有人回到各个地方开了拳馆，有人入了公职，也有人工作不顺，生活动荡，昔日一起窝在臭烘烘集体宿舍的队友们星散在社会上重新寻找自己，作为以前的老队长，我人缘还算不错，但人头也依然凑不齐。

叙旧之余，讨论未来拳击在中国的发展。看看我能为大家做些什么，看看大家有没有能一起去做的事。国家队时期的艰苦，磨砺了我们对生活的承受力，为国家荣耀战斗的荣誉，也刻进了生命的记忆深处。

岁月吐纳我们的生命，留下了自己的或者别人的影子，匆匆而过。我还憧憬着拳击这项运动被越来越多的人了解和喜爱，期待能和老队友们一起，再为中国拳击多做一点事。

世界上有很多种成功，对于运动员而言，不被奥运认证的，总不圆满。可世界上也有很多种幸福，未必非要经过奥运认证。

那些年，那些我身边的团队，那些同样心怀拳王梦想的人，后来都有了自己的生活，我相信他们都有了一份无须别人观赏，也不必被人懂得的幸福。

美国经纪

这是一个不睡觉的时代，拉斯韦加斯最有这个自觉。

拉斯韦加斯没有黑夜。威尼斯人酒店里是24小时的人造白昼，彻夜通明，金钱是这座人造威尼斯流动的血液。

2013年，转战职业拳坛后，拉斯韦加斯的一家酒吧被改装成了我的训练场。楼下是24小时连接不断的赌局，赌局旁，永远有人疯狂，有人哭泣，有人如痴如醉。筹码永远堆积如山，空气中充盈着金钱的狂热，像是永不落幕的浮华电影。就连戴上拳击手套时，我也常常感受到巨大的虚幻感。

《穷爸爸富爸爸》那本书里这样说："当你坐在赌桌旁，就千万别数自己的钱。因为只有从你离开赌桌那一刻，你口袋里的钱才是你自己的。"

我来职业拳坛"蹚浑水"，也是坐到了赌桌旁。我把我的奥运金牌、冠军荣耀，全部掷到了赌桌上，口袋里有的，只是热爱、

梦想，还有真实陪在我身边的那些人和我的新团队。

这个训练场是阿鲁姆送给来美国打职业赛的我的见面礼。毕业于哈佛大学的他，是世界顶级的拳击推广人，曾经成功地推广了我的偶像——拳王阿里。

第一次见阿鲁姆，是在我宣布进军职业拳台的发布会上。他体型微胖，精力充沛，历经十多个小时的飞行之后，马不停蹄开发布会，在媒体前发言，同众人用餐，结束之后还要在酒店最顶上的酒吧再坐一会，让人忘记他已经是一位八十多岁的老人。

初到美国，他亲自邀请我和莹颖去他家里吃饭。第一次去他家，我得到了十分隆重的招待。乘私人飞机抵达他位于拉斯韦加斯的家，那是一个巨大的豪宅，府邸内藏有中国字画和唐三彩，可见他对中国文化颇有好感。

整座豪宅最让人叹为观止的是书房，一面巨大的照片墙上陈列着各种老照片，有各个时期伟大的拳王，也有他和各个拳王的合影。他记忆力惊人，给我讲了许多和阿里相处的往事，以及每一张合影背后的故事。

“市明，这面墙，我给你留了一块地方。”

他的这句话让我的目光在照片墙上驻留许久，有巨大的压力，更有待发的激情。

这是一场极具美式家庭色彩的聚会，亲切而温馨。阿鲁姆不仅专门聘请了专业级别的厨师，还有他美丽优雅的太太作陪，所有子女都回到家里。高大的豪宅里灯光摇曳，同样的语意在不同的语言间重复着，发出更强的回音。

"其实我已经八十多岁了，走路并不是那么顺利。但是，当我听说一个非常伟大的中国拳击手要来美国打职业，我决定把我此生做最后一次冒险，adventure（这次冒险），我想放在中国，我想和一个叫邹市明的年轻小伙子一起来完成。"

拳击推广人的职责，通俗来说就是通过纵横捭阖，来联络组织承办一场拳击比赛，以期获得商业利润。在我和莹颖的心里，阿鲁姆不仅是一个富含商业头脑，能洞察商机的推广人，也像一位父亲式的长者。

他不会竭泽而渔，从一个拳击手那里迅速榨取利润，然后"弃尸荒野"，而是具有培育中国市场和亚洲市场的长远布局和情怀。在接受采访时，他曾经说，自己很可能一年做十场比赛，有八场亏损，只有两场在盈利，只要那八场可以发现和培养有潜力的运动员，就是成功。

第一个与我对接的美国经纪人，并不是阿鲁姆，而是唐·金。唐·金早在2004年，就通过一个中国的合作伙伴找过我，但是体制内的规则，以及繁重的训练没有可能让我们见面。2008年，北京奥运会，唐·金去现场看了我一场拳击预赛，对我表现出很大的兴趣，于是通过合作伙伴联系了我当时的教练。

虽然没有面对面交流，但在外界与他人的描述中，他是个政治家式的油滑人物，

"他真是个疯子！"老对手阿鲁姆这样评价他。

拳王泰森也曾经控告过唐·金，从他1995年出狱起到1997年，唐·金多次欺诈过他，从他的钱包里取走了不计其数的钱。

泰森在1998年就起诉过唐·金，然而对方却反咬一口，要求泰森赔偿1.1亿美元，结果不了了之。把自己的梦想交给这样的人，与我的三观不符。

毋庸置疑，拳击运动是商业价值最大的运动项目之一，美国经纪人们对我的兴趣，有对我实力的信任，更有对于中国市场潜在利润的巨大兴趣。在中国，职业拳击的选手大多处于“野生”状态，欠缺与国际专业团队的合作，更多是拳手们自发的摸索。不过，在近年中国的健身热潮中，热爱拳击的年轻人越来越多，职业拳击比赛的吸引力由原来的极低，到这几年终于崭露头角——在人口基数极大的中国，这一切都意味着可以开发的、巨大的利润空间。

阿鲁姆用极致的豪奢冲击着初入职业赛场的我，私人飞机、豪华酒店和美式家宴，都向我述说着名利场的风云兴衰、金钱的味道和迥然不同的舞台气息。拉斯韦加斯的威尼斯并不适合训练，气温干燥不宜，狂欢式的表演总有一种虚幻的气息，不仅是我，连我的第二位师父，教练罗奇也说：“我们必须走。”一周后，我离开了拉斯韦加斯，去了罗奇在洛杉矶的拳馆。

洛杉矶，一座名不虚传的阳光之城，洋溢着乐观悠闲的气息。路上的车辆，不管有没有红灯，都会从容礼让行人。不像另一些城市，比如纽约，永远充斥着提着公文包匆匆挤地铁的人群。

背朝着不夜城拉斯韦加斯，我开始和罗奇，这个在拳击台上待了一辈子的拳击老票友，开始日常的艰苦训练。

有些事情，再也不一样了。拳击商业化可以逐渐推动某一局部的历史，改变某一个市场的部分，这种连接与我对接，也与那个号称“要战斗到生命最后一刻”的伟大经纪人阿鲁姆对接。

追溯得更早一些，为我连接这段跨洋缘分的，是我在国内的合作伙伴——盛世力家。盛世力家的老板李胜是上海人，长在北京。出身体育世家，曾在VISA（维萨）中国区做高管的他，觉得还是对体育感兴趣，于是自己出来创办了盛世力家。

与李胜的见面是在伦敦奥运会之前，他请我和莹颖一起吃了顿火锅。那是我们第一次见面，他戴着眼镜，看起来儒雅精干，和我们聊起体育推广，申雪、赵宏博这对传奇冰上伴侣就是他运作推广的成功案例。席间，我透露了我有打职业赛的想法，他略一沉吟：“我帮你问一问。”

参加伦敦奥运会的时候，一天晚上我正在体感区玩游戏，玩扔盒子，像个小孩一样玩得不亦乐乎，忽然发现有客人来了——李胜带着申雪和赵宏博。

他笑了笑：“我们来看你晚上比赛，等你比完赛后，我们可以聊一聊。”

打完比赛后，我和莹颖带着茅台专程去上海拜访李胜。他带着我们去住处附近的小火锅店，我们一边吃火锅，一边聊我去打职业赛的事情。

“我的一个合作伙伴正好是做好莱坞经纪的，他和北美也有一些关系，我试着帮你联系一下。”

没多久，他就给了我一个名单：一个是阿鲁姆，一个是他们的经纪公司，还有一个别的经纪团队。我没有犹豫，我选择了阿

鲁姆，赛事推广则选择了和盛世力家合作。

选择李胜作为国内的合伙人，是因为我觉得他和我一样，是很正的人。所谓正，是指守规矩、正直善良。虽然在商言商，但李胜是会站在运动员立场上思考、主动保护运动员的体育商人。对于我这样一位向来没有数字概念的人，钱多钱少倒在其次，重要的是理念相同，三观相通。

合作三年以来，盛世力家协同美国的团队、我的赞助品牌安踏一起，加入了我在美国以及澳门系列赛事的宣传推广，协力打造职业拳击场上的新团队——ZOU。以前没有涉足拳击推广领域的盛世力家，也已经慢慢成长为国内做拳击推广最有影响力的公司，通过自办“拳力联盟”等拳击赛事，细心耕耘着中国的职业拳击市场。

在体制内，运动员只需要按照国家的要求亦步亦趋，闷头划桨就够了。在职业赛场，身边的伙伴则是自己请来的大副和水手，要抬头张望方向，选择路线，甚至在没有人走过的路上开辟航线。

职业赛场上与推广人、经纪公司、教练和助理的合作，都有固定的运动员收入抽成比例。更大的自由伴随更大的风险，是自己选择战友，选择协作，在体育经纪和残酷的商业斗争中成功生存，实现梦想。

中西方的拳击比赛推广差别很大。西方职业拳击比赛已经形成了一个完整的生态系统，除了进入赌场的门票收入之外，PPT转播权的转让也能带来可观的收入。

在菲律宾，帕奎奥比赛的时候，很多人家买不起转播权，就三家人合资买一个转播，一群人凑在一起热热闹闹地看比赛。在中国，中央五套一播，就覆盖了全国。

中国职业拳击的商业平衡模式在哪里？我们的团队在推广拳击运动的同时，也在和我们的合作伙伴一起，试图找到拳击运动在中国的良性合作和盈利模式。从没有人的地方走出一条路，让曾经的伙伴、未来的同路人，都有路可走。

无论成败兴衰，身边的爱人总是成本最低、信赖度最高的职业伙伴。在美国陪我训练之余，莹颖迅速地展现出作为一个兼具经济学与 MBA 高才生的素养。她通过书本学习与实地了解，在掌握最新的拳击专业词汇的同时，也深度了解了职业拳击与经纪人的游戏规则，包括运作、包装以及利润分成。她融会贯通，将之与东方、亚洲、中国的状况进行比照式研究，为我的职业拳击之路开阔视野。

2016 年开始，职业拳击与业余拳击的界限正在被打破，国际拳联通过筹备成立世界拳击联盟，旨在将业余拳击选手与职业拳手收归在同一个组织内。这是一个可喜的变化，一道森严的界限逐渐变得模糊，一种更大的可能正在向热爱拳击的伙伴靠近。

作为一代拳击手，我游走于两个庞大而复杂的系统内：从专业化的中国举国体制，到职业化的美国经纪制度。我们在未来所做的，就是加大拳击运动的宣传与推广力度，向大众介绍这项运动的健康和魅力所在，让大家正确认识拳击；同时，创造性地开展工作，让拳击运动走到大众面前，让大家亲眼看见这项运动的魅力；通过商业化运作使拳击运动更富生命力。

在东方中国，我希冀自己发挥教父般的作用，倾力完成拳击运动的拓展与拳击精神的升华。

这不只是我个人的选择，更是大时代的选择。

第八章
敌人

35 年如一日的体重，
长达 20 年的肌肉记忆。

午夜时分的体重

2016年11月5日，拉斯韦加斯大赛前夕。

“准备称重，完事开吃，我可怜的尖下巴。”

发了条微博心疼一下自己，我又即刻投入了紧张的高强度训练。

3天下7磅，日减2斤多。这样的减重速度放在以前还算轻松，而对于今天的我，绝对是非常痛苦的极限挑战。3年职业生涯的体能训练，令我的肌肉密度越来越大，加之年龄渐长，新陈代谢缓慢，减重的难度呈几何倍数增加。

拉斯韦加斯天气干燥，为了更快地见到效果，我套上两件羽绒服去疯狂跑步，饮食的种类更是严苛，即便区区一口水果进肚，也只敢啜饮汁水，抛弃果肉。临战前的自己只有两种状态：疯狂地运动，顽强地挨饿。

有人以为拳击第一要义是战胜对手，但战胜对手之前，是漫

长的与自己的斗争：雕琢自己，战胜自己。

我的身体如同提线木偶，被我精确操控着。如同一个分毫必较的药剂师，我每天都将自己的身体放在天平上测量，高几公分，低几公分，悉心调试每一次微小的偏差。

我的体重在严格的计划中增增减减，只为讨好那台赛前称重定级别的体重秤。为了让体重听话，我的肌肉分布在规划之下被科学地调教着。

我与我的身体形影不离，它是我最熟悉的敌人，也是最忠诚的朋友。我日复一日的，像希腊神话中的西西弗顽强地将滚石推上山，与身体斗争。

控体重，饥饿难耐；练力量，肌肉在酸痛中变强悍。身体像一匹低吼的猛兽，以自己的方式无言抗议着人类的驯服。

我是励志故事里那个不知疲倦的敲钟人，做十分钟的拉伸，举几组哑铃，打几组对抗训练，我的时光被切成规整的碎片，如同一个钟表恒定地运行。

我与我，周旋久。

李安的《少年派的奇幻漂流》，深夜里那场吞噬货船的暴风雨，那个不幸又幸存的少年派，那只可存在亦可不在的孟加拉虎理查德·帕克，那艘白色救生艇，那段寂寞得简直要出人命的漂流。

派无法杀死老虎，为了能在它的威胁之下生存下来，他耗尽心神。他为猛虎捕鱼，以平复它的杀性；他日夜紧握武器，防范着猛虎的进攻。他们各自占据白色救生艇的一端，大海浩荡无边，漂流之旅亦不见岸，一人一虎，对峙着，陪伴着。

“然后，那个使我痛苦，使我害怕的凶狠的伙伴，那个使我生存下来的理查德·帕克，径直往前走，没有回头，永远消失在我的生命里。”

望着理查德·帕克决然的背影，派心里明白，是它令他活下来。没有它那令人胆寒的血盆大口和竖起的毛发，他也许会对着望不见尽头的碧波浩荡，在孤单中绝望而死。眼前的危险，让他专注而保持身体的紧张，维持着高亢和顽强，不知不觉越过了心理的孤单绝望，焕发不可思议的顽强。

拳击运动对拳击手的身体，每时每刻都在提出严苛的要求，就像是电影里白色救生船另一端虎视眈眈的理查德·帕克。拳击手们严阵以待，兢兢业业，于是得到了岁月奖赏的一具精妙的拳手之躯。

我的身体是一串数字。

45 公斤，参加少年赛，瘦到不行，比赛前一天还在吃夜宵增肥。

48 公斤，打成人赛，拿到了我的第一块世界级金牌。

49 公斤，伦敦奥运会，比赛结束后我拍下一张自己皮包骨头的样子，发誓再也不瘦成这等熊样。

51 公斤，升级打这个级别的职业赛。

要保证比赛的时候一切顺利，体重平时就处在严密的监控当中。每日称体重，将所有异常的波动在日常生活的克制中调整回来。平日的体重绝对不能超过比赛项目 3 公斤。因为赛前若降重过多，身体太过干燥，不仅影响健康，也会影响比赛状态。

我的饮食，常常是这样的：菜花用热水焯熟，加简单调味品凉拌调味；整块的没有油星的水煮牛肉；冬瓜加少许鸡块熬汤。餐桌上有好多精心烹饪、色味俱全的菜挑逗着舌尖，属于我的三两份菜永远是清淡少油盐，即便是牛肉，也只有不多加烹饪的清淡气息。

时间长了，我会觉得赛前的饮食控制像一种修行，在所有美食美味的诱惑中，选择了一份克制。常有其他领域的朋友问我减肥秘方，哪有什么秘方，认定了有要完成的东西，把梦想当宿命去承担，别无他念，年复一年。

除了饮食克制清淡，就是防微杜渐。我心里始终有一根弦紧绷着，稍微吃多了，站上体重秤稍有波动，第二天就需要更勤勉地练习，将其代谢掉。为此，我确保在任何时候，周围都会有体重秤的陪伴，在刻度和数字的包围和确认下，我妥善维持着自己的体重。

省队训练期间，训练场上不起眼的某处挂着一个表格，每个人的体重波动都记录在上面。教练看到哪个贪吃鬼吃多了，就抓过来脱掉鞋和衣服，称一下。超重做不了假，超重的人被赶去跑步，绕着训练场像陀螺一样，一圈又一圈。

备赛阶段，先是缓慢降体重，降至高过参赛级别上限两公斤以内；赛前一周至一个月的时间，再将最后两公斤体重降下去。这样的节奏能保证比赛时肌肉力量达到最大。一切都在计划中执行，身体像一辆发条车，即将出发之前，将发条扭到最紧，留下了最精干的肌肉，等着开战哨响。

日常里的保持体重，是来来回回和身体交战，一招一式地打回去，重在意念坚定。到了赛前，控体重的冲刺阶段，底层脂肪降到不能再降，就要靠主动性脱水。这是一场更加痛苦而艰辛的战役。

主动性脱水，是指通过少喝水、多出汗、蒸桑拿等手段，最大程度降低身体的含水量。身体一开始干，脸马上就会凹下去。拳击运动员们每个人带着一个尖下巴，开始了控体重最为痛苦的环节。

降低身体的含水量有专门的控体重服。使用时，先在里面贴身穿上保暖内衣，又厚又吸汗，然后套上控体服，控体服像雨衣一样不能透气，材料密闭光滑，在手腕和脚肘处可以扎起来。需要的时候，最外层还要再套一层风衣。

装备齐全以后，开始在烈日下面爬坡。天气炎热，穿着厚厚的衣服，身体成了一个移动的热水壶，爬完一大圈，累得满身湿透了，上气不接下气回到房间。脱下的保暖服一挤，全是汗水。把保暖服一扔，赶紧上秤看看体重有没有降。

主动脱水训练，我一节课下来会降一公斤多，大级别的运动员则可能会降两三公斤。在正常训练状态下，我每晚的消耗在 0.2 两到 0.3 两之间。降体重次数太多，数据早已熟稔于心。

最刻骨铭心的感受是“干”。不可以喝水，嘴里实在太干的时候，只好用水漱漱口，然后再吐出去。为了安慰因为干渴而焦躁的身体，我们这些拳击运动员发明了“冰块止渴法”：一块剔透晶莹的冰块含在嘴里，慢慢融化，嘴里会保持一点儿湿润的感觉。

一块可以含好久。

比赛前一晚，就到了最难熬的时候。第二天早上要称重，当晚不进食不进水，照常训练，训练结束后睡觉，等着第二天称体重。控体重时间久了，对每个阶段身体的反应就有了预估。通常身体的感受是有层次的，开始时是渴，等挨过去了，饿的感觉就更加凶猛地反扑过来。有人不幸有胃病，睡不着，用枕头顶着胃生生扛一晚上。

到了后期，只要一参加比赛，一降体重，那天晚上就一定是睡不着的。躺在床上，想睡，梦境却怎么也不向我敞开大门。等着渴和饿的感觉碾压过去，稍微有点感觉，就怀着希望冲进厕所，在马桶上坐半天。常常是什么结果也没有，就又默默地躺回了床上。

我反复去上体重秤，寄希望于水分的蒸发让自己的体重创下新低。我一个人躺在床上不想说话，有人跟我讲话，我就说："不要说话，不要说，不要烦我。"

身体状态与心理状态密不可分，身体摄入上的匮乏让人莫名焦躁。莹颖在我控体重的时候从来不敢惹我，她开始的时候并不理解，看我态度不好就要和我吵架，后来懂了，放我一个人待着，一个人和全世界过不去。

尤其当我一边背负着要在重要比赛拿到好成绩的巨大压力，同时自己的体重离标准怎么都还差零点几两，怎么也降不下去时，还要在虚弱的状态下再穿着不透气的控体重服出门跑步，情绪就会低落到冰点。

虽然减重史充满血泪，但与体重最好的相处方式是常态的精密控制，否则就会与它打起战争。

雅典奥运会之后，作为铜牌得主的我由于参加各种庆功活动和商业活动，偷得了一段没有系统训练的休息时间。

“小宝总算能正常吃饭了。”

比赛结束后见到妈妈，她看着我瘦得瘪下去的下巴心疼地念叨。

那段三餐规律的日子对于饿了好几个月的我来说简直是一种幸福，然而好景不长，我的体重在这样的休养下很快涨回了 51 公斤。

到了 2005 年 8 月，世界大学生运动会就要在土耳其举行。

“你就随便打一打，找找比赛的感觉，不用有压力。”教练组动员我赛前训练时这样说道。

也没有特地强调控制体重的事情，于是我仍然三餐照旧，训练的强度也和平时差不多。然而，到了大运会的主办城市伊兹密尔，教练们和我都吃了一惊：我在奥运会的主要对手竟然都参赛了。这样一来，我必须严阵以待。而最先要做的，就是在两天时间里减轻 3~4 公斤体重。

整整两天，我几乎水米未进，由参加大级别比赛的队友陪着，天不亮就从酒店出发，在伊兹密尔的街道上暴走。伊兹密尔位于美丽的爱琴海边，是土耳其第三大城市，夏天湛蓝的海水拍打着长长的海堤，棕榈树下的海滨步行道美不胜收。可是，临近比赛身负减重数公斤任务的我却没有心思看风景。

起初我还有些力气，还能和队友们有说有笑地在路上奔跑，到了下午，一天里最热的时候，火辣辣的太阳当头照着，又湿又黏的汗水从额头淌下，又很快被海风吹干了。我想起久违的备战雅典奥运会时撕心裂肺的饥饿感，心里开始沮丧，想哭，眼睛里却干得连眼泪都流不出来，队友们也都是无精打采的样子。我们走过一家又一家售卖本地小吃的路边摊，却谁也不能停下来尝鲜，行人们好奇地看着我们——这群穿着夏天里不合时宜的厚衣服的中国人。

“我给你们讲个笑话吧！从前有个小熊对小猪说，你猜我手里有几块糖？猜对了两块就都给你！猪咽了咽口水说，我猜有五块！”一个队友想给我们打气。我笑起来，随即感觉嗓子里干得连发出笑声都扯得生疼。

一步一步踩在路上，我的脚下已经发软，太阳终于要落山了，我的眼前已经因为疲乏而有点昏花，每一步都好像踩在棉花上，整个人仿佛随时可以飘起来。酒店的影子终于出现在了视线里，我们互相搀扶着一步步挪回大厅，开门走进自己的房间。我忽然感觉肚里好像有动静，心下一喜，又可以减掉一点重量了！可是等我坐上马桶，却发现是空欢喜一场：原来只放了两个屁！

不似举重运动，称重后可以去吃饭，再也不受体重的局限。奥运拳击的每一场赛前都要称重，加上拳击赛程冗长，对体重的控制就需要强大的严谨和自律。

伦敦奥运会，从开幕式开始打，打到快要闭幕，我终于拿到了中国代表团的最后一块金牌——第 38 块。奥运村充满着放松而热烈的氛围，我们从头发丝到脚指头全部放松了下来。手机提示音不断响起，祝福短信从世界各地不断飞进来。我们拳击队的人结束了尿检和新闻发布会以后，连澡都没洗，就被拖到了闭幕式会场。英国摇滚天团缪斯乐队桀骜不驯地唱着：

> And I choose to survive, whatever it takes. Because I choose to thrive, I'm gonna win.
>
> （我选择生存，无论如何，不计代价。因为我选择发光，我将赢得胜利。）

终于拿下这块冠军金牌了，高兴！但是已经没有力气去参加狂欢，仅有的感受是饿，很饿，但又好像陡然失去了吃的能力，饿，我却没有了食欲。如歌里唱的一样，数日勤勉练习，终于成就了台上的闪光，而为了拳台上的生存和胜利，我，我们，已付出了太多。

分级别的比赛中，运动员通常选择比体重稍低的级别参赛。临赛前，有规划地降低体重，减少脂肪和身体含水量，就能达到在同样的身体重量下，有更小的体脂和更强大的身体力量的目标。

这样，赛前的体重称量就成了一个关键的关卡，哪怕仅仅超过 0.01 公斤，都会被严格无情地拒绝在拳击台之外。参加奥运会，每一场比赛之前，为了体重达标，我都要不吃晚饭熬一夜，第二天一大早顶着灰白的天色称体重。称重后稍事休息，再打晚上的比赛。

打赢了，就意味着还要比赛，还要称重。下场以后立马穿上控体重服，跑出门去跳绳出汗控体重。

伦敦奥运会，从开幕式到闭幕式，两三天就要打一场。在反复的饥饿和练习中循环，我终于拿到了这块金牌。

我一身臭汗坐在一角，看人们兴奋地互相拥抱，交换纪念品。好多运动员头发梳得一丝不苟，打着香水，穿好整齐的队服庆祝，有人兴奋地披着自己国家的国旗跑来跑去，来自世界各地的人们不分种族、性别、年龄，陷入了一场嘉年华的狂欢。

关于奥运会记忆的味道，是饥饿的味道，是骨感的躯体。

伦敦奥运会结束后，我看到镜子中皮包骨头的自己，对着镜子给自己拍了一张照片，发誓再也不要回到这样的体重了。

奥运精神是“更高、更快、更强”，我不知道现代社会有多少普通人体验过饥饿引发的低血糖眩晕。我们的体育精神，不仅探索着敏捷、速度、力量的极限，也用这具血肉之躯，游荡在最饥饿的肚肠和最精壮的肌肉之间，用躯体扩展着人类的可能性。

一位拳手，经过数日的练习，最终因为体重不过关而没有上场的机会，是十分羞耻的。况且，输赢是实力，因体重不过关而不能上场，就成了政治问题。控体重，成了压在所有分级别项目运动员身上的军令状，有着让最懒蛋的运动员变得勤快的魔力。

最懒的运动员，在控制体重的时候，哪怕是周末休息日，看到体重还不达标，也会二话不说穿上控体服出门。必须完成，没有退路，因此大赛之前，运动员们控体重的众生相简直就是一台戏，趣事横生。

有运动员梦中梦到在吃，在焦虑中醒来，慌忙地穿着控体服。直到忽然发现自己的队友都在睡觉，才意识到刚才狼吞虎咽的样子是一场梦，胆战心惊地脱下已经穿上大半的控体服。

有队友早上起来正在漱口，嘴里干燥不已，一不小心就喝下去了一口，一句话也没说，放下刷牙杯，急忙穿上控体服跑出了门，留下一个慌张的背影。

到了称体重的现场以后，大家排好队。先是试称，试称过了以后，去正式称。有的人试称过了，但是正式称又没过。站在体重秤前干着急，这时候真是八仙过海，各显神通。有人赶紧出门去跑一跑，有人试着去蹲厕所，都没有效果，实在没有办法，就现场“咔嚓，咔嚓”剪起了头发。

我平日体重控制得不错，没有太多特别的反应。有些人降体重过多过猛，称完以后，瘫倒在了沙发上，面无血色。

打完最后一场比赛之后，几乎所有人都选择了出去大吃大喝一顿。我最喜欢火锅配啤酒，荤素杂糅的食材充分满足了我对于食物的渴望，啤酒则迅速滋润着一具因为脱水而干枯的身体。有些平时体重控制得不好、赛前快速降重的队友，赛后出去吃烤肉喝啤酒，一晚上可以长十斤。

其实早已经吃饱了，还是要不停地吃。与其说是为了填饱肚子，更像是满足对食物的需要感，为了填饱心里因为备赛期间的渴望而生出的某个黑洞，好像是要把赛前深入灵魂的匮乏感恶补回来。

我的一餐饭，有时意味着一两颗樱桃，有时意味着一顿火锅。我的胃跟随着我，适应着也变化着，忽大忽小，千疮百孔。长期的控体重生活，给了我们拳击运动员一个对饥饿感记忆深刻的胃，一个惶恐而饥渴的胃。

食物永远有种人间情怀，它是温热的，是家居的，是安逸的；与我冷清的，集体生活的，需要克制忍耐的训练生活那么截然不

同。不知道是不是因为长期以来对饥饿的记忆太过深刻，以至于我对食物有一种超常的热情，和我的莹颖一样，我们都是名副其实的“吃货”，两个贵州小吃的狂热一族。

比赛期间无法享受，我只能在微博上以“秀晒炫”的方式演习着每日的碎碎念：南白凉粉、豆米火锅、酸汤鱼、扣肉、辣子鸡、洋芋粑粑、折耳根、米豆腐、怪噜饭、豆腐果、冰粉，还有妈妈做的红油馄饨，红烧排骨……每次想到贵州小吃，我的脑海里浮现出数也数不完的一长串名字，口水直流。

贵州人嗜酸辣，家乡大街小巷遍地开花的豆米火锅是我的最爱之一，四季豆米在猪骨高汤里煮得粉粉糯糯，配上糟辣椒和五花肉炸成的、吸饱了鲜香酸辣汤汁的软哨，满分！酸汤鱼是凯里的特产，番茄、糟辣椒和许多贵州特色的香料煮成一锅开胃的酸汤，味道刺激又香浓。每次和家人团聚，我都盼着吃一碗妈妈包的红油馄饨，碗里漂着一层红油，把馄饨也染得红艳艳，令人食指大动，咬开底下的皮浇，一勺加了雪菜的汤底到肉馅上，鲜美极了。

比赛结束，每次和莹颖一起回到遵义，第一件事就是去吃一碗羊肉粉。羊肉粉在遵义是再家常不过的食物，每条巷道都能吃到。一口大锅支起来，一排铁质的大漏勺放在周围。有来店的顾客要一份，就在一个漏勺里放满粉。大锅火力旺，咕嘟咕嘟的翻滚中粉很快就熟透了。捞在碗里，倒入羊肉闷煮的鲜汤，放上葱花辣椒，趁热端到客人面前。

那是一口最妥帖、最温热的食物。每一条街道里都有当地老百姓吃出来的最好吃的羊肉粉，每个人的口味不同，选择的米粉也不一样，但每一种都口感十足。我们最常去吃的一家是老汤羊肉粉，不仅羊肉好吃，汤更是鲜美异常，喝一口，暖胃更暖心。在变化的地域，流离的生活里，家乡那一口熟悉的味道，代表着某种恒定，正所谓“胃知乡愁”。

每次看到朋友圈里的大伙儿晒旅行、美景、美食，我都有种恍惚的感觉。曾几何时，我也去过法国比赛，参观著名的埃菲尔铁塔，却饿得没有心思看风景。当其他游客都在兴致盎然地拍照，我脑海里不断盘旋的只有一个念头：假如能吃一个热腾腾的三明治就好了，就一个三明治，两片再普通不过的面包，夹一点儿肉，一点儿蔬菜，一点儿鸡蛋或者芝士片，抹一层薄薄的沙拉酱，就够了。然而，在以精致美味的法国大餐和花样百出的甜点举世闻名的巴黎，我——一个为了比赛、为了国家的荣誉忍饥挨饿的拳击手，就连这样一个小小的愿望也不能满足。

忍饥挨饿的日子里，对吃的欲望压抑太久，一旦退役，对食物失去了节制，每个人都加倍补足着自己曾经的匮乏，一个个都变得面目全非，肚子大得不行，脸也狠狠肿起来。那些退役的，和我同龄的队友，很多人一退役就像气球一样迅速膨胀了起来。很多以前打48公斤或者50公斤级别比赛的队友已经涨到了80公斤。

今天，职业拳击台上的我，仍在体重刻度和数字包围着的空间里，仍旧在与食物和体重日复一日地较量。通过强大的克制，赢得竞争王国的自由。

35岁，51公斤，一个拥有肌肉和匀称身材的大男生。

有点儿骄傲，又有点儿悲怆。

凌晨四点的体能

时差是一场感冒，它不严重，却让人困扰。重新建立生物钟，是反身体本能的，但是要完美拿下比赛，又必须训练自己的身体迅速适应比赛地时区，才能保证在拳台上大脑的绝对清醒和身体的绝对敏锐。

我在飞行上昏昏沉沉，窝在狭小的空间，只有进食，没有消耗，所以体重会往上浮动一些。自然，从踏出机舱的那一刻开始，战斗就已经开始。

美国科幻电影《矩阵》里，在科技发达的后文明时期，人类的躯体被饲养在培养皿中，大脑神经联结虚拟世界的网络生活。偶尔有人被从培养皿中解放出来，身体第一次真实移动——那一瞬的虚弱就是长途飞行后的人走出机舱的感受。

我以强硬的态度对付时差这个对手。倦怠的飞行过后，不是理所当然的休息，窝在宾馆里拉上窗帘大睡，而是反其道而行之，放下包就立马投入高强度的训练中，重新调整身体节奏。

放下包，穿上训练服，戴上拳套。空击热身，一连串有节奏的出拳，飞行带来的慵懒立刻消除大半。接下来 6~8 回合的实战，拳击手看到对手，拳击手面对对手，如同猎鹰看到猎物，精神一下提起来。这样，做一些技术训练，练完以后放松跳绳，酣畅淋漓。站上秤，差不多能降一公斤左右。

拳击训练中，因为高度的警戒和身心集中，对人的体力造成的消耗非常大，下飞机后的训练，就像把潮湿毛巾拧干一样，去除了身体的一路积冗。晚上训练结束，洗澡之后，带着身体的困倦，打败时差，很快就进入了睡眠。如此两三天，很快就适应了当地时区。

如果顺应身体的疲惫，想睡就睡，身体只会越来越骄纵，一直昏昏沉沉。但反其道而行之，在刚下飞机，最难受的时刻去逆本能地训练，反而能降伏娇气的身体，一路驾驭它，突破困境。

31 岁那年，当我站上职业比赛的拳台，需要调整的不仅是不同时区的时差，更有带领身体，与业余打法留下的肌肉记忆作战，重新建立一种与职业拳击配套的体能系统。

我的风格，和同样从业余拳击转到职业赛场的阿里、梅威瑟、德拉霍亚相似，轻盈，打快拳，飘逸，闪躲。教练罗奇教我职业动作的时候，我学得很快很好，可是到了赛场上，重心不知不觉就高了，打法不知不觉就显得业余了。

拳击的一个回合看似短暂，对体力的消耗却超出正常人的想象。场上 3 分钟，约等于慢跑好几公里。职业比赛通常 12 回合，

而我长年只打 4 个回合。但奥运冠军上了职业赛场，拳头力度不够，肌肉的弹性不够，爆发力不够，体能不够。

我一个人在深夜里跑到训练场地，挥着拳头疯狂击打，发泄一通。我坐在角落里放歌给自己听，最喜欢刘德华的歌，他的歌声旖旎又有味道，乐音低回，话遍人间风景。我听过他所有的歌，也几乎会唱所有的歌，他在《无间道》主题曲里唱：

> 不 / 我不愿意结束 / 我还没有结束 / 无止境的旅途……快到终点 / 才能知道 / 又再回到起点 / 从头上路

我的身体，它带着多年练习的老伤，带着那些数不清的对打场面的闪躲记忆，跟随着我，这次，像歌里唱的，快到终点，才能知道，又再回到起点，从头上路。

从在野校开始练拳的时候，我不就因为臂长太短，被认为不适合拳击项目吗？靠着永远比要求的训练强度多一点，靠着走在路上把落叶都当作对手来躲闪的痴迷，我拿到了奥运冠军。这次，我也有信心，颠覆我的身体。

拳击台有着迷人的公平性，用拳头说话，不像一言堂，不像扯皮论证，拳有输赢，众生平等。它不给昨日的王者特权，也不扼杀平头小卒出头的可能性。

职业赛的拳台同样是 7 平方米，陌生又熟悉。我开始了对自己技巧和体能魔鬼式的训练。无论如何，我都要战斗，不是吗？

热身、慢跑、跳绳，重沙袋、梨形球、速度球，一拳不少，分毫不差。

手靶、实战、移位、躲闪、收力、出拳。

在罗奇的训练馆里，我是一个不知疲倦的修行者，以最繁重的身体刑役，突破职业拳坛对我身体的成见。

电影《太极张三丰》里，李连杰扮演的张君宝，少年习武于少林。师门离散，有奸有善，为了匡扶正义，要用新的功夫来变得更强大。他一日突然悟道，在令人欣喜若狂的过程中，先是从水缸体悟到了“以柔克刚”，从不倒翁的形态里演化出“借力打力”的武道，创立太极拳。

太极与少林武术在身体重心的运用、进攻的柔韧程度和节奏上都不相同，但是张君宝在少林寺多年打下的基本功，是一切的基础。牢固的基础和丰富的实战经验，遇到合适的契机和新的武术思路，发酵和碰撞出一种新的味道。

业余拳击之于职业拳击，难道不是少林功夫之于太极吗？肌肉记忆是一个战士在常年的训练下，应对实战的本能反应，闪躲，进退，步法，在练习中成为先于人脑的应战反射。这样，在任何类似的时刻，都可以迅速做出身体应对。如果彻底抛弃这些，难道在拳台上只剩下重拳吗？对不起，那必败无疑。

我告诉自己，要在心里灌注职业风格的心法，修正一部分的肌肉记忆。我疯狂地刷新自己的大脑，也在千万次练习中灌输给自己的肌肉：要进攻，要降低重心，要凶狠，莫畏惧。梦里都在提醒自己。

训练室有着各种器材，五颜六色的训练器材，花样频出的训练手段，我用这些千方百计地规训着我的身体。

不同重量的哑铃，冷冰冰地排列在一起，我变换着训练动作举起它们，来增强上肢力量。

一些彩色的格子框架平铺在地上，我变换不同的方式在这些格子间跑来跑去，以模拟拳击比赛中的步伐和协调性，控制移动的节奏。

抱着一个巨大的彩球，我用不同甩肌肉的方式，向不同方向使劲砸下去，然后捡起来再砸，练习击打时甩肌肉的耐力，也夹杂着节奏练习。

除了技术上的业余痕迹，体能的欠缺也让我饱受怀疑。第一场职业赛只有 4 个回合，我却打得气喘吁吁。技术上没问题，但是体能不足。这就像一出华美的戏，道具惟妙惟肖，服装华美精致，表演精彩绝伦，但没有声音，再好的戏也出不来。

暂时的体能弱势不可能制约一个意念坚定的武人。民族英雄、迷踪拳第七代传人霍元甲幼年曾经因为体质羸弱，被父亲禁止习武，痴迷武术的霍元甲只能偷偷练习自家武艺。几年过去，一次外地武师寻访切磋，兄弟中武艺较好的人纷纷败下阵来，知遇劲敌，父亲霍恩第正想亲自上阵，霍元甲站起来和人交起手来，步步为营、拳拳生风，瞅准机会将对手扔出丈外，众人惊讶不已。

加倍的训练，强烈的兴趣，能让一个人从羸弱的少年，成为成熟的宗师，这就是不断代谢的身体在时光作用下的迷人之处。

在训练中，我永远比能做到的多做一点。体能不够，我就加强训练。职业拳赛对于体能和爆发力的超强要求让我决定在美国接受体能特训。堪称魔鬼式的体能训练，强度是普通人的两倍。

长跑和跳绳两项，是拳击体能训练的基础。拳击比赛一回合只有三分钟，但是在场上三分钟所消耗的体能比慢跑几公里还多，所以拳击手必须坚持不懈地长跑。最基础的跳绳训练，我用的是三公斤重的绳子，绳子很粗，沉重地拖在我身后，开始的时候，几乎要练到吐。

每天练完，觉得很辛苦，又听说明天还要加大强度，像是潮水一波又一波上涨，我艰难地保持站立着的姿势，不能倒下！我永远知道我是一个拳手，拳头是我的尊严，身体是我的战场，挺过一份辛苦，才能获得更强大的躯体。

“你知道凌晨四点钟的洛杉矶是什么样子吗？”

伟大的 NBA 球星科比曾经这样问记者。我可以认真地回答，我见过。我见过许许多多凌晨四点钟的洛杉矶。

我每天在好莱坞山晨跑，驱车一路路过道路两旁挺拔而高耸的棕榈树，至好莱坞山山脚的时候，还是凌晨四点，天还是黑的。这个繁华的城市，在此时还在彻底地沉睡，我摸着一点点光，开始我的晨跑。快要跑到山顶的时候，有非常陡峭的一个坡，在我身体能量被消耗到最低的时候，它像是一个关卡一样出现，守着山顶拦住我。

身体疲惫到了极点，太阳正在慢慢升起，正是因为坡极陡，随着我向上的脚步，面前的晨光越来越宏大，等到爬跑到最上面的时候，迈出最后一步，一下子觉得整个人都融化在了朝阳的温暖和橙黄里，一场惊心动魄的日出尽收眼底。

我完成仪式一般，在那里的一根柱子上摸一下，标志着又完

成了一次小小的胜利——成功登顶。无限风光在险峰，这时的景色是最美的。但我不能停下来，停下来，意味跑步对心肺功能的消耗暂停，不能有效完成对耐力的训练，因此只能毫不犹豫，继续下去。下山路轻松多了，我收不住脚，一路小跑，心情也因为一天成功开启而变得欢畅。

从山脚跑上山顶，再从山顶跑下去，总计 8~10 公里，这只是我一天训练的开始。

好莱坞山上阳光的味道，就是顶着最喘的那口气冲上去的滋味。最美的景色，莫过于在汗水挥洒的奋斗路上，最无法承受但仍旧坚持的时刻，看到了人间最美的朝阳。

在魔鬼式的练习之后，我的身体，终于开始变得像一个真正的职业拳击手。

左拳，右拳，转身，跳跃。

左拳，右拳，左拳右拳左拳。

转身，躲闪，躲闪。

左拳，躲闪，左拳右拳左拳。

左拳，转身，跳跃。

右直拳，紧接着是左勾拳。

铃声……

每一次站在拳台上，一切声音、一切叫喊和气味，连同这个世界一起消失。忽然之间，对手的每一个动作都变成慢动作。忽然之间，我只能听到自己的心跳声。

第一场，我上来就像要吃掉对方般猛攻，情急之下重心频频飘起来。

第二场，为了证明自己可以进攻，我一直往前攻打，身体受伤，比赛完坐着轮椅进了医院。

第三场，我逐渐开始学会控制节奏，打得游刃有余，对手被我打得满脸飙血。

第四场，我开始打八个回合，在第七回合就 KO 了对手。

……

职业拳击生涯里一场又一场的比赛，我的表现越来越好。每一场比赛，都见证着自己的一次蜕变。

每天凌晨四点，总有逐梦人已经悄悄起床，在大多数人酣睡的时候向着自己的目标攀登；洛杉矶的太阳仍旧每天按时起落，它仍旧每天以最壮美的日出，嘉奖着那些晨起登顶的英雄好汉们。

第九章

对手

对手，

成就你的另一双手。

假动作

拳击不是花样滑冰，不是百米赛跑，拳击永远不是独秀，所有荣耀，都必须借对手的一双手才能达成。没有对手，就有拳无击。

电影《洛奇》的续作《奎迪》，明线讲述奎迪之子阿多尼斯·约翰逊晋身拳王之路，暗线则由奎迪和老对手拳王洛奇交织而成。

阿多尼斯立志成为拳王，找到父亲奎迪曾经的对手洛奇，执意拜师学拳。早已决意退出拳坛的洛奇，只因在阿多尼斯的身上看到了当年老对手的影子，为当年惺惺惜惺惺，搁下原则，决定帮助阿多尼斯。

师父洛奇和徒弟阿多尼斯，一个把毕生经验倾囊相授，一个用全部激情奋力学拳。昔日对手之子，今日身边爱徒。对手，不是敌人，分明是友人。

拳台之上，我和对手的拳头实实在在，却又真真假假。

上台之前，碰拳，对视，满眼杀气。拳台上的我，不再是温情爱人、超级奶爸。我，是将在下一秒 KO 你的拳王邹。

有些仪式，只属于拳台，比如，臭脸和刀子一样的眼神。

开赛前是称重仪式，对战选手的两台称紧挨着，称重时，我和对手就站在称上对视，鼻子和鼻子挨在一起，距离近到我们的呼吸可以打在彼此胸膛上。两张臭脸，四目相对。一个不怒自威，一个血性狂野。

如果眼神会发电，我可以供应整个好莱坞的电力。我和对手的第一场战役常常从眼神开始。如果生活也可以加特效，我和对手的眼神电波相撞之后，特效要用原子弹爆炸时的蘑菇云，背景要加上“滋——砰”的音效。

未上战场，已呛硝烟。

眼神，是拳手的第一个假动作。并不是拳手本就凶神恶煞，眼神再凶狠，拳手之间也并没有值得大写特写的深仇大恨。一切不过是职业拳赛的噱头和拳手的策略。无论实力如何，技术如何，无论拳台老手，还是新手菜鸟，开赛前的气势总要立起来。两边肩膀扛着一个脑袋，上台，谁怕谁！

职业拳赛的擂台总是搭建在纸醉金迷的花花世界正中心。歌舞升平里，观众需要硝烟味来刺激神经。这就是职业拳台的味道。眼神，是拳手抛出去的第一枚炮弹。威慑之中，用眼神灭掉对手的第一股士气。

眼神战——这一场热身战，不需出拳，谁摆出最臭的脸，抛出最凶悍的眼神，谁就是胜者。我的表情，我的眼神，就是我无形的拳头，是我单刀直入捅到对手心里的刀。

碰拳，对视，出拳，交战。优秀的拳者，交战之中，出得了实实在在的拳头，分得清真真假假的动作。拳击对战，不仅有拳尖上的锋锐，更有脑尖上的风暴。

对手对着你出拳、流血甚至是痛哭流涕，都很正常。但，他对着你肆无忌惮地扭屁股，左右摆动，迅速快捷，你怎么想？生气吗？愤怒吗？拳坛老炮儿可不会这样。

2016 年 1 月 30 日，上海东方体育中心，WBO 蝇量级国际金腰带之争，我对战来自拳击大国巴西的库蒂尼奥，南美洲冠军。这位 22 岁的巴西拳手，年轻气盛，体力非凡，隶属全球最成功最有影响力的职业拳击推广人之一唐 · 金的旗下。

拳赛从不鲜见假动作。赛前，库蒂尼奥多次举着唐 · 金的小旗当面“叫嚣”，对别人或许有用，对我来说，不过是拳赛老套路，无须惊怒。高低上下，赛场之上自然见分晓。

比赛开始，第一回合。他竟然转过身去，背对着我，欢脱地扭起了屁股。

我遇到过看不起我的对手，遇到过趁裁判不注意咬我胸口的对手，还遇到过用锁喉、胳膊肘顶、在拳台上用摔跤动作耍赖的对手，更脏的，甚至遇到过故意打我隐私部位的对手。但是，对着我扭屁股的对手，这是第一回。

这个动作放在台下，男人做或许是搞笑，女人做或许是妩媚。放在拳台上，这个动作对对手，也就是我，无疑是赤裸裸的挑衅

和蔑视。

“揍他！邹市明，揍他！”

台下观众的神经大受刺激，情绪像浇了油的干柴，瞬间燃烧，引爆全场，愤怒的声浪要掀翻屋顶。呐喊声在我耳边此起彼伏，我简直被塞了一个核弹发射器，红色的大按钮，按还是不按？

一个人让你揍，你或许沉得住气，两个人让你揍，你还是可以不出手，但是一群人喊着让你揍，揍完之后不用受惩罚还会有欢呼，你，还沉得住气吗？

我，揍还是不揍？拳坛老炮儿，心里必须盘算得清晰准确。事实上，我对他的屁股扭成什么样并不在意，无非故意激怒我的假动作而已。时机未到，一揍，就中了圈套。

呐喊中，煽动中，我不能让假动作激发我的真怒气，乱了阵脚。淡然以对，该按捺时按捺，该出手时再出手。

第二回合结束，中场休息。年轻的库蒂尼奥好像浑身有使不完的精力，天王巨星般，扑到围栏处，以胜利者的姿态，探出头，尽情支出耳朵享受台下粉丝阵阵呐喊的声浪。神情得意，好像要告诉全天下：“邹市明，小意思！”

又是一个假动作。拳击比赛，虽是要“争强好胜”，但不是这个争法。动气的人，就提前输了比赛。拳赛不是电视剧，没那么多戏剧性，最终还是要用拳头说话。

第八回合。库蒂尼奥终于在我的拳头伺候下，没有力气再做赚尽噱头的假动作。左勾拳，右勾拳，大摆拳，一拳命中，我感受着他的气焰渐渐变弱。乘胜追击，施以颜色！终于，我以 TKO

取胜。

能打穿真拳头，能看穿假动作。拳坛博弈，除了拼体力拼技术，还要拼眼力和心力。

“邹市明是个伟大的拳手，我的确技不如人。邹市明是我的偶像。”

赛后，拳台一侧，库蒂尼奥接受着媒体的采访。

“库蒂尼奥，真的很可爱。”

拳台另一侧，我也在闪光灯下回应伸过来的话筒。

假动作停止了。他高频扭动的屁股，伸向台下的耳朵，都好像从没出现过。虽然还有很多我的拳迷气没消，但气愤忽然就消失了。

拳台上的汉子不会说恭维的漂亮话。赢，不趾高气扬。输，不垂头丧气。这是拳台对手之间的默契。无须相逢一笑，下了拳台，对手之间，“恩仇”全无。

优秀的拳者，从来都是勇士和绅士的结合体。拳台之上，拳力无限，勇往直前；拳台之下，温和有礼，绅士风范。Show（秀）结束，切回 life（现实），没有拳台上臂长间锱铢必较的“斤斤计较”，也没有真假动作间的“尔虞我诈”。

拳台之上，我们血肉相搏，拳拳到肉；拳台之下，拜对方所赐，鼻青脸肿。但我们的握手拥抱实实在在，这才是两个真男人之间的拳赛，有真对手，却没有真敌人。

有观众喜欢库蒂尼奥的假动作，我也并不讨厌。拳击江湖，谁都有两把假动作的刷子，我自然也不例外。假动作，有时不是噱头，是战术。

2016年6月11日，在素有“拳坛麦加”之称的纽约麦迪逊花园广场，我迎来了职业生涯美国首秀。1971年，我的偶像阿里与老对手弗雷泽在这里进行了长达15回合的战斗，场面激烈震撼，成为拳击史上著名的“世纪之战”。

我热血澎湃，因为我是第一个站在麦迪逊花园广场拳击舞台的中国拳手。

此战的对手，是匈牙利19岁小将约瑟夫·阿伊塔伊，匈牙利国内蝇量级冠军。他在11个月内出战17场比赛，15胜2负，10次KO对手。19岁，体力之好，KO率之高，让人不敢小瞧这个年轻人。

拳坛圣地，我的第九场职业拳赛，站在偶像当年激战过的拳台上，本想痛痛快快打个天昏地暗，谁知约瑟夫却消极避战，走起了凌波微步——尽力躲闪，避免KO，仿佛只求输得体面。

最让拳手头疼的，不是拳头打疼了，而是拳头没处打。左一拳，右一拳，约瑟夫始终在拳台外围游走闪躲，我的拳头好像在和空气对战。火冒三丈！

“来呀，快来打我，互相伤害啊！”真想在赛场上大喊出这句话。

真拳头不行，只好换上假动作，诱敌上钩。

一般情况下，拳台上拳手总会把戴着拳套的双手护在头前，避免头部被重击。一记重拳，打在胸上已经够人受了，更何况打在头上。看到对手没有拳套防护的头部，“上！在他头上来一拳！”

我相信这是每个拳手都会有的冲动。

于是，我故意放下护在头前的双手，向前探出自己的头，诱使对手出拳攻击我。有交锋，才能碰撞出让人惊呼的火花。只要对手进攻，我漂亮的反击就有了施展空间。

本以为自己演技超群，可以让对手以为这是我不小心露出的破绽。谁知对手虽然年轻，对假动作也看得分明。面对我故意露出的破绽，并没有贸然进攻，而是依然游走躲闪。

一假不成，再生一假。抛下演技，我玩真的。我故意把头很大方地“送”出去。

“我就在这，把头给你，胆小鬼，敢不敢打我？”

肢体传递的语言颇有些小孩子打架时的意思。拳台之上，短暂的一回合，斗智斗勇，有时比几十集的电视剧还钩心斗角，百转千回。

真真假假之中，对手始终不上钩。送他人头都不要，我已经明白他认输的意向。就这样，在不过瘾的十回合中，我获得了职业拳赛的第八次胜利，卫冕了 WBO 国际蝇量级拳王金腰带。让人想不到的是，比赛结束的那一刻，台上首先高举双手庆祝的并不是我，而是约瑟夫。

没被打得太惨，输得体面，值得庆祝。

虽然打得不痛快，但我不会嘲笑约瑟夫。对手身上常常有我们自己的影子，就像他。消极应战，躲闪战略，当年在国家队的我也用过。有些比赛，即使拿不了冠军，中国队的身影也要出现——战败，只是技不如人；不战，则是把尊严都摔碎在了地上。

拳台上总要分出输赢，但登上拳台的拳手，却并非只能为输赢所限。有时，明知自己不占优势可是依然迎战，欣然上台。有时是为了找个“挨打”的机会锻炼自己，有时是为了尊严，有时甚至是为了赎罪。

港片《阿虎》里，刘德华饰演的拳手阿虎在泰国选手察猜的挑衅之下，一时冲动将其误杀，被判刑 13 年。出狱之后，物是人非。爱人 Pim 已死，在孤儿院长大的女儿 Ploy，无法原谅这个突然在她生命中出现的爸爸。

“在这个擂台上，你可以走，但你不可以逃。”

阿虎为了向女儿证明自己不是逃兵，而是真正的拳手，也为了实现当年爱人的期望。年近 40 岁的他重履拳坛，实现对自己的救赎，并在拳台上咽下了最后一口气。

除了胜利和金腰带，拳台上的故事千千万万，比输赢更精彩。一切与对手的渊源恩仇都因拳击而起，走下拳台之前，且让一切都在拳台上终结。

真江湖

你很强大，但，仍会是倒下的那个。

拳台之上，没有九阴白骨爪、降龙十八掌这般夺命武功，也没人打算在万军之中取上将首级，但这片江湖，依然容不得半点闪失。

全力博弈是我和对手互相尊重的契约——你全力以赴用你的方式来挑战我，我全力以赴用我的方式战胜你。

江湖血雨，从陪练开始。训练馆里，我最累的时刻，教练会给我最重的杠铃让我练力量；我最难的时候，教练会派拳馆里最强的对手来磨砺我的意志。台下好兄弟，台上真对手。一上拳台深似海，不是正赛，对战陪练，我们同样是实打实真枪实弹，绝不会因为同在一个团队而拳下留情。

没有半点松懈，不需一丝谦让。我需要的，不是上台陪我练着玩儿的队友。拼命打我，想尽办法对付我，才是对我最大的尊

重和帮助。被陪练打得狠，才能在正赛拳台上避免被打，才能在正式比赛中打对手。陪练的拳台，是我的江湖练兵场。练兵千日，用兵一时，韬光养晦之后，走下训练台，步入真江湖。

我的江湖风云，国家队期间正式上演。

2006 年 12 月，多哈亚运会，我与塔吉克斯坦选手对垒。

决赛赛场，金牌在此一举。大级别拳击，往往力量性更强，胜负也有很多偶然性，可能一拳就 KO 对手，也可能一拳就反转战局。

小级别拳击，技巧性更强。台上，一个动作，零点零几秒的瞬间，要想应对只能靠台下的千锤百炼。一旦在毫秒之间丢了点数，很难扭转局面，尤其是在实力相差不大的对手之间。

拳击台上，我和对手的小心和紧张自不必说。我和对手都清楚彼此的实力，难分伯仲。我们风格太像，都属于“技术反击型”拳手。

“进攻型拳手诠释的是拳击的品质，防守反击型拳手诠释的是拳击的艺术。”张教练的总结一语中的。

当两个技术反击型拳手在比赛里“演对手戏”，阐释拳击艺术的时候，赛场异常安静——我和对手谁都不敢轻易出击。出击，意味着可能成功得分，万事大吉，也可能被对手反击牵制，顺势得分。高手对战，后者的可能性往往更大。这种环境之下，我和对手谁都不想先出拳，就在台上打着游击，一分一秒地耗着。

“停！”

裁判喊停，警告双方选手。继续比赛，我们依然消极出战，在拳台外围晃荡。

“停！”

裁判给了我们第二次警告。裁判警告三次就会罚分，可我俩依然消极对战，要罚一起罚呗！

“停！”

第三次警告。裁判让我回到角落，宣布对手罚一点。接着，让对手回到角落，我过来，宣布我罚一点。

出戏的是，我和对手面对裁判的判罚共同笑场。我第一次以这样轻松的心情被罚分。我和对手，在这种情势下，除了“势不两立”，还有“警罚与共”。反正要罚一起罚，来吧。那一刻，全世界没有人比对手更懂你当时紧张又搞笑的心情。

拳台之上，我和对手，在裁判的警告下相视一笑，共同品尝令人哭笑不得的默契。这注定是一场奇特的比赛。

比赛变成这种局面，与其说是拼拳术，不如说是拼心态拼耐性。对手终于耐不住性子了。僵持许久之后，他出拳，进攻，得分！——这，是他给自己预设的剧情。事实是他的确出拳，进攻，不过得分的是我。

进攻之中，零点几秒的出拳瞬间，我抓住他动作的破绽，上来一个迅速的反攻，得分！这种优势一直保持到最后，我拿下亚运会冠军，为冲刺北京奥运会金牌打响漂亮的一枪。

2008 年北京奥运会，1/8 决赛，一场和“天命”有关的比赛。

赛场上，一拳下去，我把对手的脸打得甩起来，本以为这精彩的一招肯定会给我加分。结果，并没有。或许我这一拳注定不

合裁判的口味。那就接着打！

“如果今天输了，就是天意。”

在宿命的笼罩下，教练反而平静了下来。

“随便打！”

他给了我一个不是战术的战术。

最终结果，我和对手比分打平。开始核算小分，我依靠小分取胜，成功晋级。这，便有了几分悬疑剧情。

在奥运会这片江湖混迹已久，荣誉加身到无可复加之后，不安分的心无时无刻不在鼓动我，怂恿我，让我为梦想再战一次，最终推动着我游到了另一片血雨江湖——职业拳台。

2014 年 2 月 22 日，在澳门金光综艺馆，“黄金争霸赛”。开赛之前，综艺馆大屏幕上，历届职业拳王 KO 集锦一遍遍刺激着观众的神经。片尾，拳王阿里注视着轰然倒地的对手。

以 KO 的方式取胜，就像给胜利镶了一道耀眼的金边。而我的 KO，何时到来？

比赛开始，我对战泰国拳手尼克松。前六回合，我状态渐入佳境，凭借一系列组合拳占据了优势。第六回合结束之后，我感受对方体能的迅速下降。

“邹市明，你KO的机会来了！”我默默为自己的首场KO蓄力。

第七回合，我上来就加快进攻节奏。一记凶狠的勾拳，打到尼克松的下巴，干脆利落，不留余地。他倒地，然后摇晃着站起来——但他已经摇摇欲坠，我只需要献上最后一击！

看着比赛一步步按照自己的节奏打，KO 胜利在望，我心中窃喜自不必说。趁热打铁，继续进攻，打倒他！为了蓄势，我先退两步，手上握拳用力……后退，发力，击倒，获胜！本以为胜利大剧就这样剧本已定。谁知我后退的时候竟然滑倒了！

原来，汗水太多，滴在拳台上，湿了一块地，拳击鞋不小心踩在上面，我倒了。我心中一惊，赶紧站起，把脚擦一擦，迅速进入状态。

从摔倒到站起，观众眼里的几秒钟，拳手台上的一万年。保持心态，再一次组织进攻。一记直拳狠狠刺穿对手的防线！尼克松再次倒地，满脸是血。他的教练扔出白毛巾，比赛结束。

这是我人生中第一次以 KO 的形式取得胜利，在险胜的意外中，我完成了对自己的超越。人生取胜的机会可能有很多，但超越自己的机会不多。披上五星红旗，在全场观众的欢呼声中，我绕着拳台兴奋狂奔。

职业拳台若是一张纸，我就是那支笔，我身上的血和汗，就是颜料。我在纸上会画出多少壮丽景象，勾勒出多少瑰丽图案，靠的就是这些血和汗。

鲜血，对于拳击手来说有太多的意味。血腥的味道会强烈刺激人的神经。闻到味道，见到鲜血，拳手会兴奋，也会怜悯。今天流血的是对手，我在满脸鲜血的对手旁奔跑而过。而下一场，流血的可能就是我，血眼模糊中看着对手披旗欢呼。

对于拳手来说，即使知道鲜血是拳手的宿命，我们依然为拳击欢呼雀跃，勇往直前。

坤比七：“我每一个回合都准备击倒邹市明。”

我：“我已经提前闻到了血腥的味道。”

2014 年 11 月 23 日，熟悉的澳门金光综艺馆，“金光决战 2”，我对战泰国拳手坤比七。

坤比七，与我同岁，早入职业拳台，保持 27 胜 2 平 12 KO 的不败战绩。2011 年，我还在备战奥运之时，他已经赢得了 WBO 东方超蝇量级金腰带，第二年又拿下了 WBO 蝇量级金腰带。此后，他五次出战卫冕战，4 胜 1 平，两年内未曾让这条金腰带旁落他人。此外，“金光决战”之前，自 2012 年坤比七已经打过 8 场 12 回合比赛，而我当时打过的最多回合数是 10 回合。

同为老将，坤比七对自己 12 回合的体力状况早已了如指掌，而我是第一次挑战 12 回合的比赛。12 回合，对于年轻拳手来说还好，对于老将，无论输赢都是极其考验体力的比赛。

“不能摧毁我的，必将使我更强大。”

我对哲学研读不多，对尼采这句话却印象深刻。很多时候，你的重量有多少，看看对手就知道。对手强才会让我更强。我渴望在和坤比七之战中，实现 12 回合的超越。

第一回合，我们在试探中互摸对方的底，没有实质性进攻。

第二回合，坤比七的红色拳套在我眼前迅速闪动，呼啸而来，我挥舞着蓝色拳套快速躲闪，趁机反攻，顺势一记重拳，坤比七倒地！

“One, two, three！”裁判在倒计时，敲击出我胜利的鼓点，“seven, eight！”第八秒，坤比七示意继续比赛。

我再次上台，拳头你来我往几次下来，我又一次将坤比七击倒。裁判再一次倒计时。我转到一旁的角落里，一个回合，两次击倒眼前这个从无败绩的对手，心中狂喜。拳击手疯狂的血液混合着台下观众的叫好声，在我身体里沸腾。

两次击倒过后，对手气势仍在。他是我几场比赛以来遇到的最强对手。

第三回合，我没有听从教练“速战速决，KO 对手取胜”的建议。一上场，我没有更加主动地进攻，而是展开了和对手的周旋。

我当然也想赢，对手越强越能激发我强烈的求胜心。但，我想按自己的心意赢——挑战自我，打满 12 回合，凭点数取胜。

这可能会让我面临体力不支的风险，不过对我来说，风险越大，赢得越过瘾。有些野性的、疯狂的念头，一旦在脑海里闪现，就会落地扎根，没人能够撼动。我决意，不顾教练建议，打满 12 回合。

拳台上，我挥舞着拳头把坤比七逼到绳圈旁，招架不住我一连串的进攻，坤比七一度背对着我倒在绳圈上。这是进攻的大好机会，这个时候从后面趁势出击，打出狂风暴雨般的拳头，拼命把对手再次击倒。灭灭对手的士气，得到裁判的分数，收获满堂的欢呼。无论从哪方面考虑，无论哪个拳击手，遇到这种赛况似乎都没理由不从后面出击。

但是，我，邹市明，并没有这样，我要借此机会为拳击正名。

“君子动口不动手”，是东方信奉几千年的处世哲学。似乎大对特对，实际背后的潜台词却是一种近乎无耻的道德压制——“你打我啊，打我你就不是君子。”这句话成了我们的免打金牌，我们也就自然选择性地屏蔽其中道德绑架的意味。在“君子动口不动

手”的暴力逻辑下，拳击这样动手不动口的运动，自然不是君子的运动。

我，要在拳台上告诉全世界——谁说动口不动手的才是真君子？拳台，是勇士的拳台，也是君子的拳台。我要用拳头告诉世人什么是动手的真君子——即使于我有利，即使在规则之内，也不屑于背后袭击。拳台上的君子之战，光明磊落，要打就面对面真刀真枪地干！

七个回合过去了。我全身肌肉在紧张着，兴奋着，享受着这次和最强对手的角斗。场面上，我明显占据优势。没想到的是，第八回合意外突然而至，胜负局势陡然逆转。

第八回合，比赛接近尾声。我这一面，觉得自己已经稳操胜券，打算组织进攻，发起一轮对战小高潮，为后四个回合的完美收官来一次漂亮的激战。对手那一面，看着自己处于劣势就要战败，也开始拼命反击，打算奋力一搏。对手疯狂出拳，我也大幅度进攻。激烈对撞，出拳速度之快，拳套连成一段彩影。

一轮轮让人喘不过气来的快速出击，意外潜伏其中。

“咚！”突然我和坤比七头部相撞，我血染赛场。

红影蓝影一片激战时，我的左眼眉骨被撞。一阵剧痛，紧接着，有血滴下来。我缓一缓，带着伤继续进攻。这是我职业拳台上第一次冒血出战。

第九回合开始之后，面对受伤的我，坤比七气势更强，进攻更猛。为了不让伤势扩大，不给敌人可乘之机，我运用了来自家乡遵义的红色智慧——敌进我退、敌疲我追。依目前战况而言，带伤死磕肯定会陷自己于更加不利的地位。

对手士气正盛，“敌进我退”自然成了首选战略。我收缩进攻势头，稳住防守战线。最后四个回合，虽然有些被动，但我擅长游击躲闪的技能，让对手难以取得优势。

十二回合结束。裁判举起我的手，昭告天下王者为谁时，我左眼红肿，眯成一条线，面目可怖。

大起，大落，这场险象环生的比赛终于落幕，我又取得了一场胜利。我更加感受到，每一位让我体会到胜利来之不易的对手，都值得尊敬。

电影《叶问》里，一个是咏春拳一代宗师叶问，一个是依靠拉车和在地下赌场打拳为生的张天志，两人因拳而识，惺惺相惜。之后，打出“咏春正宗”旗号的张天志向叶问公开宣战。

看到此处，我的全身热血也开始沸腾。我相信，只要是拳手，就都会对张天志的行为心有戚戚焉。尊敬对手，不等于不敢挑战。一个打拳好手看到另一个打拳好手时，“打一场”是心底最原始的声音。

电影中，叶问应战张天志，一个深夜，一场激战，拳脚之间，两人施展毕生绝技，打得惊心动魄又酣畅淋漓。终于，艰难之中，叶问夺回“咏春正宗”的头衔。张天志输得不甘却也服气，他亲自打落自己“咏春正宗”的牌匾——这就是两个男人之间“动手不动口”的君子之战。打，光明磊落，痛痛快快，绝不瞻前顾后，拖泥带水，是拳道，也是武道。

邹市明在拳台上应付得最吃力的对手是谁？你一定想不到。

从学拳开始，二十多年的拳击生涯，从奥运拳击到职业拳台，队里、省里、全国、世界，我打过的正式比赛，大大小小，根本不记得有多少。每一场比赛面对的对手，来自五湖四海，个个身怀绝技。

与对手的厮杀，常常让我想到电影《老人与海》里，年迈又倔强的古巴老渔夫圣地亚哥，连续 84 天没捕到鱼，终于在第 85 天捕到一条大鱼。两昼夜的殊死搏斗，筋疲力尽的圣地亚哥终于用皮开肉绽的手掌降伏了大鱼。至此，他打败了对手，是海洋中的胜利者。然而，胜利者加冕不久，大鱼的血腥味吸引了一波海洋杀手——鲨鱼——结伴而来。

一边是一个老人，一条破船，一只鱼叉；另一边是一群巨大的鲨鱼，张着血盆大口。在这场战役里，圣地亚哥赢了大鱼，输了鲨鱼。输了鲨鱼，赢了读者。对手常常像这样，给我们太多惊喜、惊险甚至是惊魂。

拳头上的碰撞，情感上的激流。大喜，大悲，庆幸，委屈，胜者的骄傲，败者的心酸。究竟哪个对手，让我最吃力？

犹记得当年，阿里大战傅利沙，比赛开始前两人在拳台上热身，阿里似有意若无意地走近对手，按住他的肩膀。刹那间，阿里和对手目光相对。

“我突然产生了一种恐惧感，响铃之后，我实际上要同时应对两个敌人：一是自己内心的恐慌，二是强敌傅利沙。两者都是难以应付的对手。”

阿里在自传里以神来之笔道出了所有拳者的心声。

我最大的对手，是内心的恐惧。

对战之前，我的团队总会拿出或长或短的时间，分析对手，制定战术。当我们单单把某一个人定为核心对手时，对手，就是我的全部。我可能做到比对手还了解对手，无论是他的优势还是劣势。

而拳王，常常是被别人当作核心对手的人。这么多年打下来，我的战略战术，打法步法，优势劣势，甚至是大大小小每一场比赛，都可能被对手研究得清清楚楚。金腰带只有一条，想挑战的人却数不胜数。拳击江湖，不知道在哪个角落里就有着不世出的拳击好手卧虎藏龙，在仔仔细细地研究着我，一步步制订计划准备挑战我。

在这场暗战中，我在明处，对不知身在何方的对手所知甚少。这种情况下，我的对手具体是哪个国家，姓甚名谁，都已经不重要，最重要的，也是我最大的对手，是每个人内心中都有的那一点儿恐惧——害怕输，害怕让身边的人担心，害怕让支持自己的粉丝失望。关于比赛的种种恐惧像一张巨大的网，只要我稍一软弱就把我吞噬得体无完肤。

关于恐惧，时间给了我答案。

千千万万拳，成百上千个夜晚，一次次比赛下来，我渐渐学会了与自己内心的恐惧和平相处。就像题目千千万，几个公式万变不离其宗一样。做好自己，以不变应万变。拳赛中，这个道理同样适用。不必因为浩渺的江湖、无穷的对手而患得患失。强悍的对手，激烈的比赛，紧张的攻守，在心里将各种元素加减乘除之后，直面恐惧，就是我的取胜公式。

一生有多少对手 / 有几个朋友 / 成和败都感受 / 浪花淘不尽成就 / 数不尽风流 / 拼搏过一生何求 / 你是最强的对手 / 最好的朋友 / 宁愿一生平手

樊少皇和张智尧对唱的《朋友对手》，旋律慷慨，词句豪迈。

熙熙攘攘，来来往往，走了一个又一个对手，来了一个又一个新对手。和他人战，和自己战。音乐中抒发着关于对手的情绪：人生一大幸事，就是在我最强的时候，遇到最强的你——伟大的拳者，越是面对激烈的大战，越会抓紧享受难得的拳逢敌手带来的快感。

对手，是成就我们的另一双手。有时甚至还是在弥留之际，生死扶持的一双手。

金庸先生笔下的欧阳锋和洪七公，于纷飞大雪中恶斗数日，走火入魔迷失心智的欧阳锋，听到洪七公连叫三声“欧阳锋”，突然记起所有前尘往事。

“我是欧阳锋！你是老叫花洪七公！”

两个白发老头抱在一起哈哈大笑，突然笑声骤歇，当了一辈子对头的两个人，在雪中相拥而逝。

金庸武侠小说里的这一幕，十几年来，始终支撑着我久久难以忘怀的“对手情结”。浮生如梦，当恩怨散去，或许对手，才是最深的知己。

感谢对手，被我打败的和打败我的。

因为对手，拳王的舞台才会有对手戏的精彩。

第十章

爱人

感谢上天，

为我在这个世界准备了你。

伟大的女主，

“不安”却是我赠予你的礼物。

实用主义

2012 年 8 月。英国伦敦，奥运直播间。

女主持人：市明，你好！恭喜你啊，卫冕金牌！

我：主持人，你好！谢谢！

女主持人：夺冠之后，你现在最想念的人是谁？

我：我的儿子、爸爸妈妈还有老婆。

女主持人：之前和老婆分别很多哦。

我：对，在这里特别感谢我的老婆，是她照顾好家庭，让我没有后顾之忧，今天拿到这一块金牌，特别要感谢冉莹颖同志。

女主持人：我代表你老婆谢谢你的夸奖！

我和女主持人激动无比地相拥在一起。

这份激动，不只是我卫冕了奥运冠军。还因为，这位女主持人就是我的爱人冉莹颖。

冠军与爱人拥抱的热度尚在发烧，周遭的工作人员已经在动

手拆除演播间的所有设备。我是中国队最后一块金牌的得主，直播大剧由我宣告收官。何止人生如戏，比赛更是如此，甚至比戏剧更激动，更现实，也更伤感。

这是我们共同的最后一次：我最后一块奥运金牌，莹颖最后一次主持采访。

从 2006 年到 2012 年，如同一个六载跨度的爱情电影桥段，男主是正常的纵向发展：从被打的陪练，到打倒冠军的黑马，到荣升国家队长，成为尝遍所有大赛金牌滋味的 A 咖。

女主却是意外的横向跳跃：走出名校的象牙塔，告别光鲜的主播台，怀抱着儿子，出现在拳击台下第一排。

在胜利与名利两大圈层中翻滚，两个贵州人，在梦想的驱动下，终于纵横交集：转场拳击职业王国，共同直面所有输赢。我和莹颖掺杂各种大小事故的故事，比爱情片更励志，比励志片更爱情。

“如果我打不赢，打伤了，打残了，什么都没有了怎么办？”

“没关系，我们把房子卖了，回农村种地去！”

我们的出征，仿佛契合了一种宿命般的运动发令节奏，1、2、3，开始！

2013 年 1 月 23 日，两个人各自拎着一只行李箱，从首都机场奔赴万里之外的洛杉矶。

看似轻车简从，谁人又知胸有成竹的告别笑容背后，是压力和不安的暗影重重：为人儿女，为人父母，不再年轻，前途朦胧。

为了避免轩轩风尘奔波，他跟着姥姥一起留在中国；而和我们一起踏上征途的，是另一位小天使。出发的当口，莹颖已经有了近两个月的身孕。

放弃安全舒适的生活，来到太平洋另一岸，梦想与宝贝共同孕育。我们不仅不会孤单，我们的生活也注定不再那么简单。

Now it's the time to take hold of your dream

（是时候抓住梦想了）

You are standing on the edge of history

（你正在创造历史）

洛杉矶奥运会主题曲《冲刺》（*Reach Out*）的歌词道出了我的心声。

我和莹颖都是第一次去洛杉矶。如同普通的游客，我们对洛杉矶的印象，仰仗“好莱坞”这三个字的启蒙。记得电影《速度与激情》里，周末黄昏，洛杉矶街头，车影如流，荣誉和财富的味道，让一群年轻人激情四射，亡命飞奔。

我们不是飞车党，但也是在一个周末的黄昏，怀着梦想的激情，踏上洛杉矶这片土地的。

好莱坞 W 酒店是我们第一个落脚点，只记得它有一个很牛的旅游广告：从这里步上星光大道，只需 20 分钟。如同各个城市的 W 酒店，这里时尚与戏剧的符号辣人眼球。当我和莹颖努力入眠时，城中的红男绿女才刚刚在 W 顶层开启一天劲爆的夜生活。

氛围很 HIHG（热烈），灯光很炫，但，只适合观光客。

住宿酒店是很方便，可每天的吃饭问题怎么办？酒店餐费昂

贵，自己动手又没有烹制条件。开销如流水，莹颖开始了每天记账的生活。这对一个经济学背景的高才生来说，不是一件难事，但绝不是一件快乐的事。预算紧张，即使有自助洗衣房莹颖也不会去洗："不干净，还花钱。"我每天训练，大汗淋漓，换下几身衣服是常事，站在那里吭哧吭哧洗衣服，成了莹颖每天的必修课。

来到这座城市，我们是来生活的。那么，过什么质量的生活？答案赤裸直白：取决于我们的金钱实力。

记账是为了节流，但为长久计，我们还需开源。为了补贴家用，也为了促进我的拳击推广事业，莹颖决定重拾旧业，在 Top Rank 做全英文的采访记者。菲律宾拳王曼尼·帕奎奥、美国拳王梅威瑟、职业拳击金牌推广人阿鲁姆，众多拳击风云人物都成了她麦克风下的采访嘉宾。

杨澜曾经说，夫妻之间的感情除了爱，还有肝胆相照的义气，不离不弃的默契，以及铭心刻骨的恩情。莹颖为了我离开职场，又为了我重操旧业。最重的爱情，不是一个人依赖你到难以离开，而是明明可以独立的天体，为了你而放弃自己的轨道。这辈子，我恐怕走遍万水千山，也还不清莹颖的恩情与义气。用拳头和汗水，带爱人走进洛杉矶的梦幻天堂，成为我的执念。

到达这里没多久，经纪团队就带领我们俩，游览了比弗利山庄最昂贵的别墅群。这里有迈克尔·杰克逊的宅邸，这里是贝克汉姆的家。和数量庞大的游客一样，也不一样，我们同样被吸引，却没被奢华的表象催眠。名利之都的浮华背面，隐藏着那些看不见的挣扎与折磨。洛杉矶，要么为我们打开天堂之门，要么把我们推向失望之渊。

和被国家“包养”的我相比，莹颖自称生来就是苦孩子，练就了一身吃苦耐劳的本领，总能在性能与价钱之间找到黄金分割点。她的理性与清醒为我们的新生活提供了有力的保障。利用电子地图，她很快找到了附近最优质而经济的中国超市，每天我都会吃到她购买的新鲜面包和牛奶。这对于在酒店生活，只能吃冷食的我来说，是一种难得的小幸福。

很快，在经纪团队的帮助下，我们在星光大道对面，租了个一居室的公寓。虽然简陋，但环境清静，更利于训练。教练罗奇的 WILD CARD 训练馆离这里不远。每天踩着星光大道，走十来分钟就到了训练馆。而有时，这十来分钟却走得思绪万千。

琼安·伍德沃德、布兰妮·斯皮尔斯、金·奥崔……星光大道上，2500 多颗水磨石星星，金光璀璨，镶嵌着一个又一个家喻户晓的名字。众多明星的名字之中，有一个格外耀眼——科比·布莱恩特。作为洛杉矶湖人队的球场王者，2011 年，科比成为首位在星光大道上留名的运动员。每天从科比金光灿灿的名字旁边经过，对成功的强烈渴望骚动着我的内心深处。一次次幻想，不久以后，这里将有一颗来自中国的运动之星，名字叫“邹市明”，身份是拳坛王者。

星光大道旁边，还有一颗我心中最亮的星，就是我身边的莹颖。此刻的莹颖正变身为国家保姆的替代角色。我是个吃货，莹颖却不是一个天然的好厨师。洛杉矶显然无法满足我的酸辣贵州胃。莹颖就利用谷歌菜谱的方式，做了许多美貌却不美味的创意

贵州菜。好在，她做得用心，我也不是一个挑剔的食客。笑脸沙拉，一顿火锅，足以犒劳我一天训练的苦与累。

我的私人厨师，除了烹饪菜品，还可以轻松烹调各种英文词汇、时态语法。进入洛杉矶容易，但融入洛杉矶不易。语言，是两种文化的分界，而莹颖就是那个率领我闯入异域世界的女魔头，势头凶猛，无人能挡。作为自小就在英语训练营长大的优等生，她对英文的热爱与掌控，一直都让我自叹不如：我虽然常常出国比赛，但英文永远停留于最业余的水平。但是，我又多么崇拜自己的前瞻眼光与发现能力。6 年前的奇妙相遇，是上天故意将莹颖赐予我，以语言为拐杖，辅助我走进职业王国的领地。在洛杉矶，英语是莹颖的语言，莹颖是我的全部语言。

常常会在午夜时分，见她一个人拿着书念念有词。

我：“你想继续读博士吗？”

莹颖：“是的，研究拳击的女博士。”

原来，为了更专业地与经纪团队，与教练沟通，莹颖苦苦背诵，掌握了所有职业拳击相关的地道英文表达：cross，交叉拳；overreach，出拳过远；hamburger，被打得浑身伤痕的拳击手……

对于我这样一个初入职业拳击界的 green boy（新手），有一个学习型专业力的爱人陪伴，是多么幸运！

“满天星星，寥落的灯光，行人很少。”

科比对凌晨四点的洛杉矶描述如是。训练常和孤独为伍，庆幸我有爱人为伴。在洛杉矶晨跑时，莹颖常跟在我后面。

“我永远都记得，早晨的太阳就这样在我们面前升起。你在我前面，跑着跑着就跑到太阳里面去了，和太阳融为一体。”

我紧紧抱住她。那一刻，如果自己能燃烧成一颗太阳，我会奋不顾身，用光和热，尽情温暖怀中的女人。

莹颖，是我最实用的灵魂伴侣。虽然偶尔也有点不太好用。有时候跟她吵完架都不能出走，一是没有驾照，二是英文不好。在洛杉矶，我最大的“离家出走”就是在小区里面兜一圈再回来。

两个人终日奔波忙碌，快乐忧愁，甜蜜争吵，而这一切都只是插曲。洛杉矶的生活只有一个主旋律：训练。

电视剧《马男波杰克》里面，马男和戴安的一段对话，完美诠释了洛杉矶精神。

马男：“洛杉矶的伟大之处就在于，根本没人关心你是谁，你从哪里来。你在那里就只用担心一堆狗屁事就行，比如让自己家泳池保持干净，或者沙拉里应该放什么手工坚果。”

戴安：“我确实喜欢沙拉。”

拳击就是我的沙拉。在洛杉矶，放下中国的一切光环，我的职业世界里清静得只有拳击，和日复一日的训练。

单调的训练，陪伴着莹颖腹中的孩子一天天长大，如同梦想，在抚慰着我们度过单调而艰苦的日常生活。

我需要被爱人照顾，随着产期的临近，莹颖也越来越需要被照顾。为了方便老人们前来居住，我们又有了在洛杉矶的第三个落脚点——好莱坞山上的一套房子，三个月的租金计算下来，可谓分外高昂。

这是一段兵荒马乱的日子。第一场和第二场职业比赛紧锣密鼓地拉开战幕；我们的第二个小宝贝即将诞生，一大家人来到洛杉矶为我的生活添砖加瓦，为我的职业呐喊助威。

在韦斯特的小说《蝗灾之日》里，来好莱坞追梦的托德创作了画作《洛杉矶在燃烧》：无数来洛杉矶追梦未成的人就像是破坏性极强的蝗虫，梦碎时分，愤怒之下一把火烧了洛杉矶。我究竟会是一无所成的蝗虫，还是拳台上光芒万丈的皇者？

我急需一方拳台，为我解开疑惑。

2013 年 4 月 6 日，澳门威尼斯人金光综艺馆，我的第一场职业比赛在这里点燃战火。

当天，我穿了一条金色短裤迎战。金色，是皇者的颜色。对手是墨西哥拳击手，18 岁的瓦雷祖拉。年轻小将，体力非凡，而且此前已经有一年职业拳赛的经历。而我已经 32 岁，体力不如早前，又是初入职业拳坛。

但是，我有多年练拳的经验，更有敢于挑战的不老激情和渴望赢的万丈澎湃。要玩，就要玩得过火！职业首战，我选择越级出战，虽然打过去的 49 公斤级更保险。但，温室里取胜，胜亦何欢？刀尖上出拳，败亦无憾！

“你想要最好，就一定会给你最痛。能闯过去，你就是赢家。”

这句话或许是对我这场比赛最好的诠释。

首场胜利，是一个雀跃的起点。我和莹颖决定，在洛杉矶受次贷危机影响，房价低迷之时，用比赛的奖金购买一个真正属于我们自己的家。我的拳头正热，一场比赛之后，紧接着又要备战下一场比赛。买房的大事小事只能由莹颖一力承担。

莹颖一个人，开着面包车，看了300多套房。用什么App，怎样预约，房子曾经谁住过，有没有重新装修，价格趋势如何，基础设施怎样，方方面面每一个细节她都要权衡。俨然一个统领四方的女王，为了自己的臣民日理万机。而我，是她最臣服的子民。

买好房子，进入新家的时候，美国正是圣诞节，大家都处在节日热闹欢快的气氛里。外面，繁华喜庆的大街，街上飘荡着欢快的圣诞歌，街旁有挂满礼物的圣诞树。新家，全部家具是一个床垫、被子和枕头，再加一个炉子。窗外热热闹闹，窗内空空荡荡。

每天训练结束，和莹颖一起，抱着轩轩选家具。中国的方式，新家里的家具应该是新的才好。莹颖的方式，一切经济实用才好。

每个周末我们都会去逛跳蚤市场淘二手家具。一张白色圆桌带四个凳子，木制，重新粉刷，送货到家，100美元。网上订的床，安装之后，床下的铁架子没用了。莹颖打电话周旋，处理。我简直不像个在异国他乡漂泊的过客了。精打细算的女主人，用最高的性价比，给了我一个最舒适自在的家，安居，安心。

2013年8月，第二场职业赛光荣收官。我迫不及待飞到洛杉矶，守在心爱的女人身旁，等待天使降临。

世界上没有声音比产房里的第一声啼哭更动人，伸出双手，释放掉拳台上的刚硬，抱起自己的第二个儿子，凝望躺在床上的爱人。那一刻，仿佛神祇眷顾，我贪婪享受着“责任”二字的美

妙味道。

两场职业比赛的洗礼，无论收到赞美，还是受到诋毁，这一伟大时刻给予我的启蒙是：我最大的任务不是去计较具体的输赢，而是通过自己的奋斗，完成父亲、丈夫、儿子的多重使命。

每一部伟大的拳击题材影片，似乎都有一个完美到爆的女主角，从《洛奇》里的雅德莉安到《铁拳男人》中的玫。她们或以坚韧，或以柔情，扶持自己的丈夫成为真正的男人，滋养自己的家庭成为最坚固的后方。35 年，我最大的成功不是奥运冠军，不是金腰带，而是无论收获还是受伤，都有双注视我的目光，形“颖”不离。

相比抽象意义的“完美”一词，我的爱人具有超越意义的实用价值。如果说拳击手的心脏藏在手套里，那么她就是我坚韧无比的手套。有了她，才有了我们的三口之家、四口之家。轩轩皓皓、妈妈爸爸、爷爷奶奶，还有“皇太后”姥姥，组成了我强大的战斗军团，每个人各司其职，在拳场硝烟中共同前行。

洛杉矶是全球最大的造梦工厂，我和爱人的家就在梦想深处。

猫科做派

初来洛杉矶，训练后全身酸痛，专业按摩师一次 200 美元的费用让人望而却步。

“老婆，帮我按一按。”

按、摩、推、拿、揉、捏、颤、打，莹颖各种手法虽不专业，却非常用心，粗糙的手在我背上游走，我的肌肉得以放松。没错，我的爱人，芭比娃娃一样的女人，却有着一双有力的手，骨节明显，布满沧桑。

“如果不是冉莹颖在镜头里，很难想象这是一个女人的手：不仅粗糙无比，关节还十分粗大，一看就是一双干活的手，一双为爱奉献的手！”

和娇媚相貌反差极大的莹颖的双手，受到了众多媒体的一次次关注。媒体拍得到的是她的手，拍不到的，是她从勇敢独立的女孩到如今两个儿子的超人妈妈，一路走来的跌宕起伏。

在单亲家庭长大的莹颖，从小就要和妈妈一起分担生活压力。洗衣做饭各种家务自然是家常便饭。上学期间，兼职实习各种辛苦也是不在话下。央视实习期间，莹颖每个月的工资只有五百元。在繁华喧嚣的帝都，每天面对气派的大楼，光鲜的媒体同人，在远方训练的我，难以想象她那段节俭的生活和仓皇的心路历程。

结婚之后，怀着孩子，家里的重活我不在时她都一个人搞定。别人家的孕妇都被身边的老公万千呵护，我却经常在外训练，不仅不能给她带来丈夫的精心照料，还要让她为我的比赛和事业操劳。

轩、皓降生，两个儿子和常常缺席的爸爸，一次次挑战着莹颖的女性力量。别人两只手连胖轩都抱不起来，莹颖却可以穿着高跟鞋，左手抱着轩轩，右手抱着皓皓，走路生风，抱累了，就换成背一个抱一个。我的爱人，生活的风霜没有打在她的脸上，而是留在了手掌之间。

她的手，脉络很粗，肉很厚，力很大。就像猫的爪子一样，肉肉的，脚底掌糙糙的，爆发力惊人。我的爱人，的确是个猫科做派十足的女人。

百老汇歌剧《猫》里的波斯猫 Jemima，美丽迷人，光芒四射。舞会高潮时，领舞群猫，红色毛皮在灯光下发出魅惑的光泽。

莹颖就像是台下的 Jemima。千娇百媚，妖娆诱惑。一字露肩的亮红色礼服，嫩白的皮肤，纤细的腰身展露无遗，性感漂亮。我欣赏她的美丽妖娆，却又不愿她在人前穿得暴露，展现这份妖娆。男人的自私和占有欲有时就在于此吧。

“现在不穿，难道等我80了再穿吗？”她的一问让我无力反驳。

细细想来，女人的美丽世界的确和男人大不相同。在最可以燃烧美丽的年华，为了自己的占有欲，让这份女人独有的美丽在自家庭院里荒芜。对21世纪的女性来说，这更像一种暴政。清纯或是性感，知性或是野性，无论哪种美丽都值得尊重。性感，是莹颖表达自我的一种方式。无论是我第一场职业赛，莹颖亮相时的MIUMIU（缪缪）抹胸式礼服，还是平时她很喜欢的露背装，都是她展示礼仪，表达自我的方式。大胆做自己，又有什么错？初相识时，被她清纯的外表“蒙骗”。十年之后，越发理解她“我不是小清新，是个小妖精”的宣言。

莹颖是明媚迷人的，又是柔弱敏感的。

猫咪碰到陌生的东西时，会瞪大双眼，露出怀疑和不安的眼神，一次次试探性地伸出肉爪，确定眼前的情况是否安全。莹颖也是如此，独立坚强的背后是柔弱敏感的神经。每有风吹草动，她就会进入强势的防备状态。健全的情感相处模式是彼此给予基本的安全感。遗憾的是，作为拳手的女人，安全感也许是稀缺的奢侈品。在我的人生剧场里，她是最耀眼的女主角，但我给予她更多的是不安。

“无论输赢，我想让他早点回家。”

刚刚被我“训”哭，眼圈还发红的莹颖，面对记者说出了自己最大的愿望。

在职业拳台，第一次见血，莹颖的表现有点孩子气。

中场休息，看到我被对手打得流鼻血。莹颖赶紧过来拿着纸巾给我擦鼻血，擦完鼻血又开始给我擦汗。拳击手的汗水，几张纸巾怎么能擦得完？再说，哪有拳击手中场休息还拿纸巾擦汗的。这个行为让我觉得太“娘”，不是拳击手应该有的血性。面对在场众人，我心里的大男子主义瞬间发作。

“哎呀，别擦了，你要是再这样下次不要来了！”

看见我流血，莹颖就已经担心得要哭，我又对她一番训斥，她委屈得眼泪噼里啪啦往下掉。那个时候，离她生皓皓还有两个月。怀着孕的她，在拳台下继续为我担惊受怕。

我想，这也许就是为什么我一度不想让她来比赛现场的原因。无法忍受自己的爱人在拳台上血肉相搏，她的心像小猫一样柔软脆弱。对手一拳打过来，在拳击手看来是家常便饭，在她看来就像打在她的心尖一样。本次赛后，有一张新闻图片报道，拍摄了一个在拳台边泣不成声的女孩，那就是我那初闻职业血腥味道的爱人。

拳台上的血腥满足了看客的观赏，比血腥更甚的残酷只能留给莹颖。

2014 年 6 月，第四场职业赛前夕，陪练在训练中打中了我的左眼，眼前的世界顿时变成了双重影像。我原以为和从前一样，过一会儿就会自行复原，没想到眼前的重影就像鬼魅一样，久久不散。

几天后的一个早上，莹颖递给我一杯水，我抓空了，心就像水一样洒了一地。

我不愿，也不敢，向她和盘托出我的真实感觉。在训练馆里，我第一次感到绝望，雄雄燃烧着的职业梦想，难道要被病魔突然掐灭吗？

回到家，我取出一瓶酒，招呼莹颖："来，我们两个喝一杯。"

"好，我们喝！"

在酒精的助力下，我道出双眼受伤严重的真相。

"莹颖，我可能打不了了。我很热爱这项运动，但是我不知道还能打多久。我真的真的很热爱……"我已经泣不成声。

洛杉矶偌大的新家里，我们两个人抱头大哭。

哭归哭，莹颖的霸气立时凸显："市明，别怕！我们去看病，找美国最好的医生！"

美国医院的专业度如同它的分工，异常严谨，只是看眼睛，不同的部位就要跑不同的医院，而且分布在不同的地点。我们几乎跑遍了大大小小所有的相关医院和研究机构。

一路上，我被一种未知的恐惧紧紧包裹，拼命挣脱却越陷越深。我在无尽的虚空里不断下坠。我的眼睛，究竟怎么了？

结论出来了，左眼球神经断裂。

"如果再挨一拳，我很难保证你会恢复。"医生善意地威胁道。

一场残酷的赌博在我面前展开。

打，一旦左眼再被重击，我的职业生涯将惨淡收尾。除了拳击，一无长物的我，连拳击也不再有资格拥有。

不打，关于比赛的宣传都已经做出去了，什么都准备好了，万事俱备，我难道要成为临阵逃脱的懦夫？

在这场赌博面前，我赌上了命运的全部。作为妻子，莹颖万分惧怕。但作为灵魂伴侣，她尊重和支持我每一个关于梦想的抉择。

“无论多爱多担心，也不能绑架对方。”

就这样，在她的陪伴和支持下，我开始了这场赌博。

这又是一场带血的赌局，只不过因为莹颖的参与，使得它具有了峰回路转的戏剧性。

2014 年 7 月 19 日，澳门威尼斯人酒店金光综艺馆“皇者之战”，我终于顶住了这场 10 回合的战斗，赢得了 WBO 颁发的国际特设金腰带。

此刻的莹颖，坐在 VIP 的第二排，眉头紧蹙，不停地双手合十祈祷。观众只看到了我手上金光闪闪的荣耀，而不知道此前我下的命运赌注。

战斗现场有点惨烈。第五回合，我连续两记右直拳将对手左眼眼角打裂，比赛在进行，对手的伤口也不断渗出血来，染红了彼此的拳套、散落在擂台上，还沾染在彼此身上，以至于擦汗用的白色毛巾上也血迹斑斑。我不知道自己的战后是什么形象，但当我转身面对莹颖，她忽然号啕大哭。

这是什么情况？

原来我的脸上也沾满了对手的鲜血，五官几乎全被覆盖。于是，一直处于万分惊恐的莹颖，再也抑制不住自己的悲伤。

“市明，你的眼睛?！”

“没有那么严重，你看，你看，这是对方的血，不是我的！”

我一边说，一边清理脸部。边哭边甄别的莹颖直到完全确认，才终于慢慢平静下来。

“不管是我的还是对手的，你都要坚强地去接受，去面对，去支持。这就是拳手的一个光荣，拳击就是一个勇敢者的运动，我很敬佩我的对手，在如此情况下仍然坚持打完比赛，是值得尊重的，这就是拳击的游戏规则。”

这次，我没有武断地训斥，而是耐心地解释。

就这样，以一种充满戏剧性的方式，在莹颖掉错了的眼泪里，我拿到了职业生涯第一条金腰带。

一场又一场比赛在推进，莹颖也在赛场上成长，趋于坚强与成熟。

与伦龙首次交手，我的眼睛被打成血馒头，几乎无法睁开。但是当我再与莹颖的眼光交汇，她透出的是浓烈的心疼，更有强大的斗志！

“这一次邹市明真的流血了，你哭了没有？”

记者的关心，更像挑衅。

“我站在台下，就好像在台上和他一起战斗一样。我觉得这场比赛他是最帅的，就好像军人有军人的勋章，对于战士来说勋章就是脸上的伤，这就是为什么他虽然受伤，还是会对着镜头说‘我很帅’。”

莹颖，你，也太帅了！

从最开始坐在台下泣不成声，到后来号啕大哭，再后来强忍眼泪，直到现在，拳台下第一排的莹颖早已不是当年拿着纸巾满

眼泪水的猫一样的柔软女人，而是像老虎一样勇敢的，真正的王的女人。

“老公加油！”

“注意防守！”

“勾拳打他！”

“打得好！火锅等着你，加油！”

抱着儿子，她为我倾力呐喊。那股气势，好像她才是整场的王者。台下几万人的喊声，台上只有一人声音入耳。于万千之中，我总能一下子辨识出她的声音。这股声音化作一股带电的魔力，以一种能够掀翻屋顶的势头，迅速进入我的主心骨。

莹颖在哪里，力量就在哪里。比赛中间，我坐下来听教练建议，总会先快速望一眼她的方向。四目相对，只是刹那，好似永恒。莹颖，水一样的女人，在台下瞬间变身女王，赐予我元气。

最幸福的事情莫过于两个人一起牵手成长。从梨花带雨的娇娇女，到自称“冉哥”、霸气外露的超妈，不知是岁月磨炼了她，还是我和拳击渲染了她，抑或是她本如此，爱情带莹颖发现了另一个深藏的自我。无论何种原因，我都感谢上天，为我在这个世界准备了一个叫冉莹颖的女人。让我知道，世上除了拳头的滋味，还有一种滋味叫爱情。

“每个巴顿将军的心里都住着一个 Hello Kitty（凯蒂猫）”，尽管我曾一度像孩子一样任性，不懂珍惜，甚至把她当作出气筒或精神压力的排气阀，但她还是不离不弃在我身边。陪我走过春夏秋冬，人情冷暖，成败输赢。拳头再硬，打不过爱情。

正如人情是麻烦出来的，爱情有时候需要来点儿火星。猫版的莹颖，与虎版的莹颖总会自动切换，让我不知道自己应该是扮演巴顿，还是 Kitty。一言不合，在高速公路上打开车门往下跳，在常有坏人出没的火车站一个人深夜出走，再疯狂的事情莹颖都敢做。她的不安有时会化作爆点，以引爆自己的方式抗议我的无视与无知。

生活对于爱情的侵蚀，悄无声息，却又惊天动地。但轻暴力版本的沟通却是舒缓彼此的有益方法，尤其是对于我们，异国打拼，前途未卜，压力重重。

终于有一天，洛杉矶爆发了战争。

战斗双方：邹市明和冉莹颖。

开战原因：太琐屑以至于我都已经忘记。

我们常常会因为一些小事争吵。吵架中莹颖总是高歌猛进的。争吵过后无处发泄，我一拳打在墙上，木头结构的墙就破了一个洞。出拳的瞬间就像莹颖之前跳车一样，我也是不顾后果的。冷静下来时，我和莹颖坐在一起，才想起那一拳有多可怕。如果后面有钉子，被摧毁的恐怕就不只是墙了。作为一个拳击手，拳头破了是什么概念？就像有一天歌手变哑了，美食家味觉失灵了。孙悟空的七十二变失效了，金箍棒变成了绣花针，齐天大圣也不过只是一只猴子。而我，险些变成了一只猴子。一个暴脾气的人是可恶的，两个暴脾气的人是可怕的。

相识十年，相吵十年。爱人之间，似乎总是从微笑着“我能认识你吗？”到大喊着“瞎了眼认识你！”最后归于平静的“如果

有来生还要认识你”。一次次吵架后，我们杯酒泯恩仇。最终，立下了“君子协议”——吵架过后，无论对错，轮流道歉。这次我先道歉，下次你先道歉的制度，的确是夫妻间不错的停战协议。

“情不知所起，一往而深。恨不知所踪，一笑而泯。”

我对莹颖的感情，没有比这句话更贴切的了。她比男人还爷们儿，但又爷们儿得很可爱，如同初相逢时的那一刻神奇，我在莹颖身上同时发现了她的多个版本：纯真与高贵，任性与坚韧，性感又朴素。

恩恩爱爱，吵吵闹闹，分分合合。现在，我们是注定分不开的了。不需要做彼此的造物主，施予对方安全感。而是两个人并肩前行，共同铸造一个充满安全感的世界。

“你美得比花艳，却跟着我风里来雨里去，感谢你来到我的世界，给我整个宇宙。”

10月9日，莹颖的生日，发完这个微博，泪水已经无法忍住。

莹颖，我知道，你不仅是拳王的女人，更是属于自己的独立女性。陪我一路血雨腥风，走了那么久，你累了没有？

愿今生余下时光，给你现世安稳，岁月静好。

第十一章

儿子

宝贝，

长大以后，

你们去哪儿？

国旗下的轩哥

灯光璀璨，万人狂欢。

擂台上，拳台新秀和老拳王的金腰带争夺战一触即发。

灵活的躲闪，敏捷的步法，凌厉的出拳，一切都点到即止，这是一场没有失败者的比赛。

台下，一个女人同时为两边呐喊助威。

终于，年轻小将从老拳王手里赢得了金腰带。狂喜！老拳王的梦想终于实现了！他激动又欣慰地把金腰带挎在新拳王的腰上，和新拳王相拥而泣。

因为，金腰带的新主人就是他的儿子——邹明轩。

这是曾出现在我梦中的一幕。这场大梦的开始，要从2011年的夏天说起。

2011年6月27日，没有比赛，没有观众和掌声，更没有鲜花和奖杯。但，这是我最光荣的一天。我的人生从此有了全新的意义——爸爸。

我的第一个儿子——邹明轩——终于从妈妈的十月温床滚到了爸爸怀里。

当时，离伦敦奥运会还有一年，“陪伴”成了我给不了轩哥的最奢侈的礼物。为了弥补不能陪伴的缺失，我们每人留了一个小辫子，让它成为连接父子的纽带。后脑勺晃荡着它，就像儿子在身边。

“打虎亲兄弟，上阵父子兵。”2012年，还不会走路的轩哥，作为奥运军团随军家属，背着他脑后的小辫子和妈妈一起来到了伦敦。赛场上，小辫子版的邹市明灵活躲闪，出击，辫子在我脑后一甩一甩，好像背后站着绝世高手，源源不断地输送真气给我。赛场下，“小辫子”版的轩哥在妈妈怀里，看着台上同样梳着小辫子的爸爸，挥舞着白胖的小手，嘴里咿咿呀呀地喊着，没有清晰的语言，但我知道那咿咿呀呀说的是：“爸爸加油！”

伦敦奥运，我成功卫冕。站在最高领奖台上，五星红旗在我头上冉冉升起。红旗、国歌、光荣、庄严的场景，给还叼着奶嘴的轩哥留下了严重的“伦敦后遗症”——会叫爸爸之后，姥姥抱着他逛街，别人家的孩子目光都被玩具吸走，轩哥却使劲儿盯着街上的国旗喊“爸爸，爸爸”。

不喜欢宿命的说辞，但一份父子间的相通，也许早有端倪。

轩哥三个月大，按照家乡习俗，做了抓阄。糖果、巧克力、钢笔、手机……五花八门的选择面前，一双小肉手直接奔着拳套去。好样的!

在我为子承父业欢呼雀跃的时候，莹颖在一旁看着玩着拳套的轩哥，眼神之中满是不安。关于轩哥的未来，我和莹颖之间的对抗，炸弹早已埋伏于此。

我不会用父亲的事业绑架孩子，我尊重他自己人生职业的选择。与拳击无缘，我绝不强求。每个人都有资格拥有属于自己的梦想。但，看到孩子自愿延续你所热爱的事业，哪一个父亲不热泪盈眶？

邹明轩，我的儿子，骨子里流淌着拳击手的血液，身躯里潜藏着拳击手的灵魂。谁说中国下一代传奇拳王不会是他？

轩哥身体的协调性和惊人的体力都仿佛为拳击而生。拳台下，他是个奶声奶气的娃娃。一旦戴上拳套，走上拳台，轩哥浑身上下自带拳王气场，颇有一种“拳台之上，谁主沉浮”的霸气。

出拳，躲闪，大摆拳，组合拳，每一个招式都做得有模有样。有时，一回合结束，他还会坐下来，模仿我在拳台上的每一个动作，假装自己戴了牙套，把牙套拿出来，喝点水，休息一会儿，再戴上。多像个天生的拳击手！

轩哥骨子里有拳击手必备的强烈求胜心。在草原上和藏族小哥哥摔跤，被一次次撂倒，又一次次站起，不服，接着摔！摔倒了，不哭！又倒了，爬起来再战！

感受着这份灼热的求胜心，仿佛看到当年的自己。

儿子，让我体会到生命“永无止境”的况味——我的血脉在儿子身上延续，我的筋骨在儿子身上茁壮，我为拳击燃起的热血和激情在儿子的体内熊熊燃烧。

拳击馆里，和比他大的哥哥练习拳击，臂长和力气显然处于劣势，气势却不肯输掉半分。一旦站到拳台上，轩哥的奶声奶气就全消失不见，从他的神情里，我看到的只有天不怕地不怕的凶猛。拳台上，五岁的轩哥绝对是一个猛士，每一拳的力量都远超出同龄人。拳头直来直往，重拳再重拳，只进不退，只攻不守，被打到流鼻血也不哭。一回合结束后，累得气喘吁吁，听说输了，只一句话："我还可以打！"

这是我的儿子！这是我的骄傲！如果他的梦想是让未来的拳台成为他的天下，我愿做他最好的教练！

我在拳台边为儿子骄傲、激动不已的时候，莹颖在一边心疼着儿子，血的刺激下，我们之间的炸弹终于引爆。

"你怎么不和重量级的拳手打，要和同级别的打？你找一个六岁的小孩和轩轩打，这公平吗？轩轩打不动了你还要让他坚持，告诉我这个坚持的基础在哪儿？拳击的前提是不是公平，如果公平都不存在，别跟我谈什么坚持！"

莹颖连珠炮似的发问和指责让我无言以对。我不知道该怎样向她解释，我并不会强迫轩轩成为拳击手。21年的拳击生涯，给了我最苦最累的日子，也让我在最苦最累的日子里明白了勇敢和坚持的真义，体会了超越自我的快乐。我只是想通过拳击，锻炼轩哥成为一个真正勇敢坚毅、不断超越的男人。他可以不是拳击手，但他应该是个硬汉子。

莹颖却一直觉得，我是在虚虚实实地故意诱导着儿子走向一条拳击之路。

“家里一个男人打拳我担惊受怕已经够了，儿子再打，我的心脏真受不了。”

莹颖一遍遍表达着对我的不满和对儿子的担忧。

似乎是在用无声的方式和我“叫板”，莹颖总是带轩哥去骑马、游泳、跳舞、打台球、打高尔夫，各种运动里，唯独没有拳击。

一边是爸爸的热爱和苦心，一边是妈妈的关爱和担心。我和莹颖关于儿子的战争似乎难以走到终点。不过，虽然战争不曾结束，这并不影响我和儿子的故事不断继续。

2015 年夏天，在《爸爸去哪儿》的拍摄中，我带着轩哥走过的旅程，一路过后，父子之间，春暖花开。

节目拍摄过程中，柴米油盐，烹炒煎炸，吃喝拉撒，之前看妈妈处理起来得心应手的事，做起来才知道比在拳台上打拳还难。经历了从铁血拳王到全职奶爸的水土不服，上山下海，在各种环境中和轩哥朝夕相处，一起登基享坐龙椅，一起沿街乞讨要饭，一起睡在狭小拥挤的马车房里，一起睡在蛛网遍布的破土房中。一路走来，越来越深地感受到被儿子需要和热爱，更深地体尝到爸爸对于孩子的意味。从“妈妈，我们出去玩”到“妈妈，等等，还有爸爸”的转变，被需要的感觉是幸福的，被一个圆滚滚的小肉球需要的感觉呢？幸福得要飞起来！

终于有机会能一天 24 小时全方位陪伴轩哥，不以高高在上的父亲姿态，而是和孩子在同一地平线，共看日出日落，朝霞夕晖。一路收获儿子的进步，比拥有万千农场更加喜悦，世上最富足的农人叫“爸爸”。

“陪伴比懂得更重要。”莹颖常对我说，对爱人对儿子都是如此。在一日三餐中陪伴，在柴米油盐中陪伴，在春夏秋冬中陪伴。在陪伴中，我从不倚仗给了孩子生命，而以造物主一样伟大光辉的形象出现。我和儿子更多的是独立平等的战友，我们之间是两个男人的故事。

《爸爸去哪儿》最后一次拍摄是在一片荒岛上。没有高楼大厦遮风挡雨，没有蛋糕冰激凌果腹充饥，没有妈妈姥姥爷爷奶奶，没有玩具火车小抱熊。远离现代所有喧嚣诱惑，这里的一切，只剩下爸爸和轩哥。

这是我们两个人的岛。我们化身战友，并肩作战，荒岛求生，自娱自乐。

一片荒岛，父子两人，穿着皮毛，踩着海浪，嬉戏奔跑。一起捉虾，找贝壳，看海鸟。就算被全世界抛弃，我们依然拥有全世界。

“爸爸，快来看沙滩上的你和我！”

“这是你画的吗？好帅！”

这是一片孤岛吗？不，这是我和儿子的伊甸园！

累了，两个人爬上一块大大的礁石，晒着太阳聊着天。海风吹着，海浪响着，肉嘟嘟的小圆球紧贴在我身边，奶声奶气地说着他的奇思怪想。饿了，茅草树皮搭建的原始帐篷前，一只简易的锅，满锅新鲜的海水，几只刚抓上来的龙虾，贝壳当作盛汤的碗。向来不喜欢海鲜的轩哥，竟然也和爸爸一起吃得有滋有味。

“谢谢你光顾，我的小怪物，你是我写过最美的情书。纽扣住一个家的幸福。爱着你呀风雨无阻！”

有些感情，唱确实比说好。

最原始的生活，最深厚的父子情，环境越野越极致。一切化作荒凉，能和轩哥在海风里相依为命，我就是世上最幸福的人！

轩哥像个小太阳，可以源源不断地释放爱，给我的世界带来爱情以外的另一种幸福。充满爱的正能量性格，完美契合了轩哥的英文名字——Eros——希腊神话里爱神丘比特的弟弟。敏感地觉知爱，表达爱，爱自己，爱他人。爱的课堂上，轩哥总是不经意间给我很多感动。

不满一岁时，用小肉手轻轻擦掉妈妈额头上的汗；幼儿园的小妹妹哭了，拿出自己的棒棒糖哄妹妹；画画时，“现在冷了，多画一个太阳，大家就都不冷了”，孩子最纯真的愿望，越虚妄，越动人。

慈善拍卖晚会上，对各种体育明星如数家珍的轩哥，一眼相中了李娜的网球拍。一轮轮激烈的竞价，终于，29万，花落轩家。轩哥抱着网球拍，爱不释手。谁知拍子还没焐热乎，就要送人了，而轩哥竟然欣欣然主动把好不容易到手的拍子转送他人。

原来，当时有个患了自闭症的小朋友，也非常想要这个球拍，妈妈告诉轩哥后，轩哥一狠心，“割爱”送拍！

“我喜欢这个球拍，比我弱小的小朋友也喜欢这个球拍，那，就送给他吧！”

五岁的轩哥，不会用更华丽的语言阐释“爱心”。在他的世界里，或许爱心就是一个球拍，一块手表。

参加公益跑，累得气喘吁吁要放弃，轩哥坚持的理由是“只要跑完，自闭症小朋友就会得到一块防走失手表哦”。孩子的世界简单得可爱，他不清楚什么是自闭症儿童，他只知道：跑到头儿等于帮助一个小朋友。于是，重整旗鼓，变身“旋风轩”，一口气冲刺到终点：“妈妈，我有最后冲刺哦！拿到了徽章，给小朋友拿到了手表哦！”

在电话里，轩哥分享着帮助他人的喜悦。

轩哥就像是爱的代言人，从来不吝于表达人间美好的感情。

“爸爸，好想你，爱你呦！”

视频的时候，肉嘟嘟的小脸上挂着最纯真的思念。

“学会爱，大胆表达爱。”这是邹式家训，是曾经羞于表达爱的我的反思。

“我最喜欢蝉了。”

“为什么呀？”

“因为蝉一叫，夏天就来了呀。”

轩哥用充满童趣的方式，大方地表达着对夏天姐姐的喜爱。《爸爸去哪儿》拍摄时，看到穿着公主裙款款走来的夏天之后，轩哥马上“弃爹从姐”，成天围着夏天姐姐转，给姐姐提裙子送鞋，姐姐喂的饭吃撑了也要咽下去。轩哥对漂亮姐姐似乎有着无穷的热爱。坐飞机时，空姐一来，轩哥马上从吵闹转换到静音状态，目不转睛地看着空姐。

对于“姐姐”的好感，说起故事的源头，要从轩哥的美国幼儿园说起。

初到美国，他是幼儿园里唯一的亚洲小孩，黑头发黄皮肤的轩哥周围都是金发碧眼的同学。习惯了在国内和幼儿园的小伙伴打成一片，美国幼儿园里的轩哥，语言不通，初来乍到，孤独可想而知。幸运的是，班里有个六岁的小姐姐，在语言不通的情况下一直带着轩哥玩，在班里照顾他。此时，莹颖已经临近预产期，不能常常陪伴轩哥。那一段幼儿园时光，玩伴的缺失，妈妈的缺失，轩哥在小姐姐的身上好像寻找着所有的缺失。

“姐姐是善良的，美好的，照顾我的。”

轩哥的美国幼儿园生涯让他对“姐姐”这个群体，有着发自心底的好感。这也就是为什么在新疆，看着餐桌旁的维吾尔族姐姐，目不转睛，连饭都忘了吃。白皮肤，大眼睛，深眼窝，维吾尔族小姐姐的脸型轮廓，和曾经照顾他的美国幼儿园里的姐姐实在太像。

喜欢扎在姐姐堆里的轩哥，可不是脂粉气，他骨子里流着拳王的血。“变成超人，拯救世界！”他有着自己的英雄梦。成为拳台上的英雄还有可能，但要成为逆转时间、拯救世界的超人就只能在电影里了。不过，当不上超人，“飞人”倒是货真价实。

太平洋、大西洋、印度洋，亚洲、欧洲、美洲、大洋洲、非洲，从小到处飞，轩哥吃着五湖四海的饭长大，成了不折不扣飞遍世界的“全球轩哥”。“读万卷书，不如行万里路”，我和莹颖绝对信奉这一理念。孩子虽小，但他们的感官是敏锐的，不只要静

坐书斋学习知识，更要在万里路上亲自感知世界。

凌晨四点赶飞机，倒时差，跟着爸妈一个城市又一个城市地赶通告，赶完通告，终于可以休息。

“今天怎么没有表演？”

体力和表现欲都巨大的轩哥，气势汹汹地来质问爸爸妈妈。他的外向大方像极了妈妈，很少怯场，喜欢在闪光灯下被众人瞩目的感觉，喜欢在全球各地和粉丝交流玩耍。

在飞遍全球行万里路的过程中，轩哥不断成长着。甚至有时，我和妈妈已经跟不上他成长的步伐。

在机场，碰到拿着手机前来合照的粉丝，前一秒还和妈妈说说笑笑的轩哥，马上变得不太情愿，竟然毫不留情打翻了面前的手机。

“你走开，不要拍我！”轩哥大叫着。

前来拍照的姑娘一脸尴尬。

我和莹颖赶紧向粉丝赔礼道歉。

晚上，回到家中。

“邹明轩，在机场你为什么要打掉别人的手机？那样不礼貌！”

“她如果是坏人，她要是把照片发到坏人手机里怎么办？”

本想把他拉过来教训一顿，结果却是我这个爸爸被教育了——轩哥长大了，有了自己的想法。不再是什么都不懂的小屁孩。他越来越多地用自己的方式思考着这个有好有坏的世界，慢慢学着保护自己。

歌词里唱着，“你拼命发芽，我白了头发，一起写下一撇一捺。”儿子在成长，我在老去。没有一种老去比这更幸福，更残酷。

儿子，走慢些，等等爸爸好吗？

皓弟的小宇宙

希腊神话里，有一对兄弟，一个专爱拳击，一个专爱马术。哥哥不幸身亡后，弟弟痛不欲生，不惜牺牲自己救活哥哥。天神宙斯大受感动，为使兄弟相聚，将他们变成永不分离的双子星。冬天的黄昏到夜晚，人们可以在天顶的位置看到它们相伴相生，永世不离。

感谢上天，没有给我一颗孤零零的启明星，而是给了我活泼的双子星。

2013 年 8 月 18 日，洛杉矶，双子星的另一颗越过浩瀚宇宙，终于降落在我怀里。这颗星的名字叫——邹明皓。

自此，三个男人一台戏。

弟弟出生的第二天，刚回到家，轩哥像长了翅膀一样，放下手中的玩具熊，飞奔到弟弟身边。小眼睛睁得圆圆的，好像一眨眼弟弟就会飞走不见。轩哥一次次伸出小手，轻轻抚摸弟弟的小脸蛋，充满好奇和喜爱。“弟弟”，这个昨天他还很陌生的词，今天就自然而然地从嘴边流出。

可是，轩哥对弟弟的热乎劲儿，连一天都没有。皓弟从医院回家的第二天，就被哥哥打了。

当天下午，姥姥在外面的房间忙碌，皓弟在摇篮里开始哭闹，吵得轩哥不得安宁。

“求你了，别哭啦！”

轩哥以为皓弟能明白自己的无奈哀求。刚刚出生两天的皓弟对哥哥嘴里蹦出来的声音自然不买账。

“再哭我就打你了！”

软的不行，轩哥开始威胁弟弟。弟弟自顾自地依然大哭不止。

“啪啪！”

本以为轩哥只是一时气话，没想到他真的拿起手旁的苍蝇拍，教训了弟弟一下。皓弟的左眼旁被打出了血。我和莹颖猝不及防，来不及教训轩哥，抱着皓弟赶紧去了医院，所幸只是皮外伤。

伴随着轩哥的哥哥力大爆发，皓弟光荣负伤，兄弟俩的江湖故事，自此正式开启。

“弟弟像小兔子，我像蜘蛛侠，他有点儿可爱，我有点儿帅。”

帅帅的轩哥在经历过“苍蝇拍风波”后，知错就改，对可爱的弟弟呵护备至。和弟弟一起去幼儿园，先把他送到小班，然后自己再回大班；弟弟在幼儿园的“分离焦虑症”突然爆发，大哭着找妈妈，向来贪吃的哥哥，放下手中的饭碗，给弟弟拿来棒棒糖；午睡醒了，像个大人一样，给弟弟穿衣服，姿态笨拙，神情

可爱；一起学习，自己学英文，还不忘“辅导”一边的弟弟学数学；和爸爸在海边找到两个大贝壳，“一个给妈妈，一个给弟弟”。录制《爸爸去哪儿》，路过卖玩具的小摊，盯着双节棍，用自己赚来的钱，买！不要一根，要两根！

“我挣钱啦，还给弟弟买了礼物，双节棍哟……”

回到家，轩哥兴奋地展示着给弟弟的礼物。

皓弟，作为家里最小的孩子。似乎注定要集万千宠爱于一身。此前，为了迎接天使降临，我收起钟爱多年的摇滚乐，在轻音乐中陪伴皓皓。音乐徐缓，爸爸在妈妈身旁呢喃。“武将”出身的我，还硬着头皮在书海里徜徉了一把，胎教书、育儿书、儿童心理书，在轩哥身上错过的时光，不能再一次错过，这次，我要做一个完美的父亲。

没想到，我对皓皓的宠爱还没开始，皓皓对我的恩赐已经降临。我以为我是儿子的参天大树，可以为他遮风挡雨。反转的是，风雨来临前，皓皓却先当起了我的园丁。

作为职业拳击手，拳台上，拳头对拳头硬碰硬的对冲是家常便饭。正常成年男子一次的出拳力量是40公斤，李小龙当年快速出拳的力量是181公斤。习拳21年，我已经不记得脑部承受了多少次上百斤重拳的击打。

江湖没有不用还的债，欠的总是要还回来，无论欠别人还是欠自己。拳台上的每一次击打，就像在身体里种下一颗颗魔鬼的种子。可能发芽，可能腐烂。职业拳击手在老年时面临着共同的敌人——帕金森。拳王阿里老年得了帕金森，我的现任教练罗奇得了帕金森，家里亲戚——一位爱好拳击的体育老师——也得了帕金森。昔日生龙活虎，今日颤颤巍巍。英雄也有气短时，不败拳王打不赢帕金森。

莹颖听说脐带和脐带血对帕金森疗效明显时，皓皓正在肚子里轻轻踢着妈妈。冥冥之中仿佛上天美意派皓皓下来守护爸爸。呱呱坠地的那一天，我还没来得及给皓皓一个爸爸的亲吻，他先送给了我一份珍贵的礼物——一条独一无二的脐带和一份举世无双的脐带血。脐带和脐带血是妈妈和儿子的生命连接，更是儿子对爸爸的生命馈赠。皓弟一生下来就送给我一份大大的保险。我，如获至宝。这个“宝”，除了是脐带血，更是皓皓。

九个月，皓皓第一次叫“爸爸”。小小的牙齿，小小的嘴，唇齿间轻轻跳出“爸爸”。宝贝，直到今天，也不知道该怎样爱你才够。

和凡事挂在嘴上的哥哥不同，皓弟是沉静的。沉静之中，他有自己浩瀚的小宇宙。三岁，正是对外界一切事物兴趣盎然的时候。一条摆动的带子，一只爬行的虫，都可以成为他仔细研究的对象。皓弟不会像哥哥一样中气十足地刨根问底，他选择以更安静的方式摸索世界。一个小玩具左摸摸右看看，抱着爸爸的拳套研究半天，再把哥哥的拿过来比较比较。镜子里忽然注意到自己的头发，若有所思，赶紧跑过去摸摸哥哥的爆炸头。

全家一起看照片，傻傻分不清照片里哪个是哥哥哪个是自己。竟问：“哪个是皓皓？”眼睛笑弯成一道月牙，拍着自己的小肚子：“这里，这里！”皓弟话不多，但一张口就给人惊喜和欢乐，就像制作快乐的梦工厂，所有东西经过他小脑袋一加工都变得欢

乐无穷。

吃午饭时，哥哥对着蘑菇饭难以下咽，摇晃着爆炸头不停抓狂，不小心就触到了皓弟的笑点开关。对面的皓弟，看着哥哥“咯咯咯”开启循环狂笑模式。皓弟的世界安静又丰富。看着贴老虎面膜的妈妈，眼睛直直地盯着，前一秒还顽皮地笑，后一秒就转成飙泪状态，吓的。

看到爸爸和哥哥打游戏，想玩却不会玩，他也不哭闹，一个人默默拿起手柄，模仿哥哥的样子安静坐在一边。哥哥的手按左边，他也按左边；哥哥的手按右边，他也按右边；哥哥的眼睛紧盯着屏幕，他也要使劲儿看着屏幕里的小人儿；哥哥胜利欢呼，他也咧开嘴，露出甜甜的笑。外向的轩哥自带亮点，总是能给自己加戏甚至还会抢戏，内向的皓弟却常常游离在大家的戏之外，不声不响中，在一个人的独角戏里悠然自得。

姥姥放起了音乐，哥哥和妈妈各忙各的。皓弟听到音乐，一个人开始 high（兴奋）得不亦乐乎。两只小腿抖抖颤颤，两只小手摇摇摆摆，小屁股也不闲着，扭一扭，晃一晃，没人鼓掌也要一个人闪亮。

安静的皓弟，有小白兔一样的外表，乖巧之外，还练成一门独家卖萌耍赖的技艺。他会悄悄拿过妈妈的大拖鞋，在房间里踱步，偷偷体验一下大人的步伐，不管楼下拼命找拖鞋的妈妈。他觉得妈妈的包很神奇，趁着没人注意就拖过来玩一玩，顺便黏上一块刚嚼完的口香糖，不幸被妈妈发现，他就瞪着黑黑的眼珠，满脸无辜地看着妈妈。

逛超市，兄弟俩想要玩具，妈妈不给买。轩哥，抱着妈妈又哭又撒娇，努力用自己没有逻辑的逻辑说服妈妈；皓弟，紧紧拿着玩具，一声不响，站在哥哥和妈妈的旁边，看着哥哥含着眼泪在前线冲锋陷阵，等着坐收渔利，活像一只狡猾的小白兔，简直就要冲口而出腹黑的台词："对，我就是一只安静狡猾的美白兔，谁让我有一个凶猛无比英勇作战的哥哥。"

哥哥虽好，有时却成为皓弟小宇宙里突然闯来的不速之客，把弟弟的独角戏搅得天翻地覆。很多时候，一块蛋糕就可能引发一场"星球大战"。

妈妈发给兄弟俩每人一块蛋糕，轩哥狼吞虎咽几口下肚，然后就打起弟弟的那份主意。悄悄偷吃被发现，那干脆就直接抢。大人不在，食物争夺升级为"武力冲突"。一边是瘦小的皓弟，一边是圆滚滚的轩哥，战绩显而易见。这，只是兄弟之间最表层的战争。

"不因为是哥哥，就强迫轩哥让着弟弟，兄弟两个人在家里是平等的，共品甜蜜，共担风雨。"

我对莹颖的育儿理念甚为赞同。不过，致力于营造"不平等地位"的轩哥，好像并不这样想。

奶声奶气的轩哥，骨子里遗传了我大男子主义的基因。作为哥哥，总想霸道地在弟弟面前树立大哥的威严。渴望当蜘蛛侠，常常把家里弄得鸡飞狗跳的轩哥，面对"两耳不闻窗外事"，对哥哥不理不问的皓弟，权威难立，只能抓狂。

"邹明皓，你在听我说话吗？"轩哥气呼呼地问道。

不管一边抓狂的、急于确立江湖霸主地位的哥哥，皓皓依然

我行我素，在自己的小宇宙里玩得不亦乐乎，人家就想静静地当个美男子。

轩哥这时候往往变身“霸道总裁”，像个大人一样，有模有样，严厉批评弟弟：“你不可以这样，弟弟要听哥哥的！”

有时候说的不行就来抢的，一把抢过弟弟的玩具，作为对弟弟不理会他的报复。更过分的时候兄弟两个还会拳脚相加，纠缠不开。

皓皓的小宇宙有自己独特的运行方式，他打不过哥哥，哒哒哒，跑到客厅找到纸巾盒，赶紧往衣服里塞纸巾，一张一张又一张。在皓弟的小脑袋里，纸巾或许就像是金甲圣衣，又或是将军的精钢铠甲，塞点儿纸巾，就不怕哥哥的拳头啦！

我家的双子星，在屋里“腥风血雨”，抢东西，打架，还会在心里计算着爸爸妈妈爱谁更多一点儿。但是走出去，“一笑泯恩仇”，前尘皆散去，只留下一起打天下的好兄弟——有时，还是一起“打”爸爸的好兄弟。

“我的兄弟来了！”

拳台上，和我叫板，正被我“收拾”的轩哥，看到弟弟跑过来，立刻兴奋得满血复活。一旁的皓弟，看到哥哥和爸爸在撕扯，三下五除二戴上拳套，想都不想就一拳打在爸爸身上。

兄弟两人，一边是爆炸的方便面，一边是黑亮的小蘑菇，一左一右开始并肩作战，拳台成了见证兄弟情义的战场。这份情谊，更蔓延在每一刻的日常生活中。

在上海迪士尼乐园，兄弟两人穿着超人衣服，手牵着手一起

“拯救世界”；每人拿着一只“眼睛”，一左一右放到雪人的脸上；拍照时，爸爸妈妈拼老命按快门，哥哥全程耐心指导弟弟“凹造型”，弟弟眼睛忽闪忽闪地看着哥哥。

皓弟因为贪玩被姥姥锁在门外，站在门口手足无措，声音糯糯的：“怎么办？”

“敲门，说你是送快递的。”看看轩哥出的好主意！

喝着同样的奶水，听着同样的歌谣，一起吃饼干，一起打游戏，穿着尿不湿在同一张床上打滚，戴着拳击手套在同一方拳台上较量。因为争宠“钩心斗角”，因为分离彼此思念。兄弟之间，除了血脉，还有太多共同的记忆。难以风干，新鲜如昨。

“不管世界如何变迁，不管选择哪种方式，你就是我不变的兄弟。”

索朗扎西的《兄弟情》，旋律动情，引人感慨。

五岁的轩哥和三岁的皓弟，此刻显然还未能深悟到“兄弟”的含义。但是，没关系，有一生的时间供他们体味。爸爸妈妈会老去，离去。而哥哥弟弟却可以并肩走过一生风雨。世界上，爱与被爱的人很多，相伴着走过一程的人更多，然而血脉相连共此一世的人呢？对弟弟而言，世上最美好的礼物就是哥哥；对哥哥而言，世上最珍贵的礼物就是弟弟。

“如果一个人的心，只能烧出一个名，两个人要去到哪里，牵着两手就是个天地。”

亲兄弟，要远比歌词里唱的更传奇。

轩哥和皓弟，分别继承了我性格的两面。一个像春天，含苞

羞涩；一个像夏天，热烈奔放。与莹颖相遇前，每天和拳头打交道的我，即使已经得了全运会冠军，拿到奥运铜牌，在表达情感上还是羞涩含蓄，喜怒哀乐，都在自己的海洋里吞吐，像极了皓弟。轩哥是拳台上热血激情的我，皓弟是拳台下曾青涩懵懂的我。血脉间的传承就是这么奇妙。

生活中，与儿子们相处的每时每刻，都像是一出戏里，上演着的三个自己。

赛前称重仪式，人头攒动里，忽见三个熟悉的身影，妈妈牵着哥哥、抱着弟弟，穿过人群。

“爸爸！”

“爸爸！”

陌生的人群，熟悉的亲人，陌生和熟悉碰撞产生的温情和感动，叫作父子，千金不换。

草地上，三个人一起吃着饼干。轩哥一头可爱卷发，看着镜头，小嘴上扬，眼睛眯成一条线，笑得满足惬意；皓弟在哥哥和爸爸的包围中，旁若无人地低着头，安心沉浸在自己的饼干香气里。我侧头看着天赐的双子星，想不到谁会比我更幸福。

浴缸里，两兄弟光溜溜的，在泡沫里嬉戏打闹，奶声奶气地和彼此分享着自己的小世界。某一刻，忽然想起浴缸外的爸爸，两张小脸一齐转向我，露出甜甜的笑容。

床上，一个大枕头，两个小脑袋，一张被子里，终于安静下来的两兄弟，哥哥侧身躺着，手自然地拥到弟弟身上，香甜入梦。孩子的美梦是糖果蛋糕巧克力，爸爸的美梦，是轩哥皓弟。

客厅里，家规也温情无比——无论在哪里干什么，听到爸爸妈妈数到三，都要放下手边的事，回到爸爸妈妈身边。

“一、二……”

还没到三，两个儿子已经一左一右来到我的怀里。

“现在比赛看谁亲爸爸亲的最多。”

我沉浸在两个儿子疯狂的吻里，世上能有比这再甜蜜的时刻吗？

从小到大，拳击就像一条船，载着我四处漂泊，从遵义到北京，从国内到国外，成败之中我和拳套相依为命。如今，拳击之外，我终于找到了船舶停靠的港口。如果说夺冠的喜悦像大江大河，浩浩荡荡，一泻千里，那么有儿子、有爱人的家庭生活给我带来的喜悦，就像长期在干旱地区的人，一下子定居到茂密林间溪水畔。溪水明媚柔情，不像大江大河激情澎湃却万分凶险。我尽情享受着溪水的甘甜，绵绵不绝，长流不断。拳击之外，我终于有了自己的桃花源。

我的金色战靴，一只写着“轩”，一只写着“皓”。脚踏战靴，仰望穹顶，我的头顶上方是全世界最亮的两颗星。对着星空遥问一句：宝贝，长大以后，你们去哪儿？没有回音，只有我心底的呐喊愈发清晰：父子三人的这台戏，我永远不想谢幕。和儿子们在一起的日子，这场美梦我不愿醒来。因为害怕一觉醒来，蓦然发现我已老去，你们已远去。

我的两张老照片，一张是稍大版，一张是娃娃版。分别与一大一小的两兄弟实现了精确无比的契合。

感谢上天，拥有你们是我最大的福报！

WE
ARE
YOUNG

第十二章
母后

无论老大，
还是超人，
她们，
都是妈妈。

老大

我家有两位母后：一位是莹颖的妈妈，我的丈母娘——结婚以来我一直称呼“亲妈”；另一位是从小生我养我的生母——老妈。

两位母后，皆是各自家族的老大。同样是老大，亲妈被生活逼成了女王，老妈则被家人宠成了公主。

且让我先隆重请出我的亲妈。

“我的妈，邹市明怎么忍得了他那个极品丈母娘？”

“让拳王变成小绵羊，冉文丽真难伺候！”

今年年初,《女婿上门了》播出后，我受到网友们的一致心疼，而我的霸道丈母娘，我家的皇太后，则收获了满满的吐槽。

我没有网友想象中那样憋屈，毕竟内心有多强大，就有多强大的丈母娘。我的丈母娘，是我尊敬的“皇太后”，一位真性情的“老大”。

“老大”婚前是家中长女，大女儿当大儿子，扛起家的一头；婚后是企业领导，全厂上下，一人担当。这位女强人身后，有一段她不屑引以为标签的婚姻。一段曲折过后，留下她和两岁的女儿风雨相依，一手当爹一手当妈。一生风吹雨打，练就一身“母仪天下”式的威威霸气。

走女王路线的“老大”，对女儿的爱，收放自如，刚柔并济，爱得深沉，又从不娇纵。深深懂得女孩子需要独立坚强，所以即使再疼爱，也狠得下心，不惜让女儿吃苦受累地学会独立。寒暑假里，常常让女儿在自己主管的米粉厂里打工，体会工厂艰辛。直到今天，莹颖还时不时自称“米粉女工”，对包装米粉的全过程轻车熟路。

我曾经一遍遍努力还原着这一场景：脱下学生服，穿上工装的莹颖，满脸稚气地站在流水线旁，包装着一盒盒米粉，动作迅速熟练。简单机械的动作，重复一千遍一万遍，说“不厌其烦”绝对是假话，满脸厌倦疲惫的莹颖，收束着自己活泼好动的天性，忍受着一天的枯燥乏味，从不半途而废中场离开。“老大”以心软而不手软的方式，给了莹颖坚韧隐忍的高贵品质。

及至我循着爱情的气味，走入“老大”的世界，当年青涩莽撞的拳击少年，走过一番“融冰之路”，终于也得到了“老大”的厚爱。“老大”拿出超强的“妈妈力”，把女儿女婿的世界照顾得明媚温暖，为我搭建起最安稳的福窝。

26 岁的莹颖，事业节点和孕期相撞，在央视、凤凰争相邀约，事业最好的时候怀了轩轩。渴望成为“内地吴小莉”的她，一边是赢在起跑线上的梦想，一边是腹中同呼吸的胎儿，对于一个梦想正熊熊燃烧的年轻人，突然偃旗息鼓是残酷的；对于腹中孕育胎儿的准妈妈，放弃孩子也是残酷的。而莹颖，必须选择一种残酷来承受。

“生！”

纠结之间，“老大”拿出一言九鼎的女主气概，给了女儿坚定的决心。

作为亲生母亲，她当然知道主播台对女儿的意义不亚于拳台之于女婿的意义。但她用一席话，让莹颖看清了自己的心：“在合适的年岁做该做的事，不要有的时候不去珍惜，没有了又去追念。”

感谢“老大”，霸气的一句“生”，动情的一番话，为我搭建了一个有爸爸有妈妈有儿子的欢乐福窝。

莹颖在香港生轩哥时，被国家赋予伦敦夺金使命的我不能陪伴左右。在家乡遵义的“老大”，二话不说，拎起行李，来到香港，替我充当莹颖的守护神。

香港的住房、交通各种费用都很贵，从遵义而来的“老大”，觉得香港的菜更是贵得离谱。预算紧张的“老大”，为了省钱，常常去深圳买菜。从深圳菜市场气喘吁吁地背回大包小包的菜，不顾一路行人的异样眼光。

每天早上，莹颖刚起床就能闻到厨房传来的饭香。为了让莹颖吃得可口，吃得营养，“老大”每天换着花样，精心准备一日三餐。莹颖爱吃菠萝饭，“老大”一大早就起来削菠萝，一次次被坑坑洼洼的菠萝表皮扎伤。看着刚刚起床的莹颖在菠萝香气中狼吞虎咽，“老大”对自己受的伤闭口不提，总是莹颖发现以后才轻描淡写地一句带过。

“老大”是我全家福窝的最大功臣。用自己的劳累辛苦，换来我们一家的幸福安稳。直到现在，轩哥皓弟在她的照顾下从来没有打过针，身体强健得像两头健康的小牛犊。

“老大”的爱从不缺席迟到，总能在合适的时间用最恰当的方式登场。为了家庭和我职业拳王的梦想，莹颖抛下自己的事业，从主播台前走到拳王背后。“老大”作为女强人，一直希望女儿能成为独立自强的女人，事业未必如日中天，但一定要有。在我拼事业最需要照顾的时候，“老大”支持着女儿从台前走到幕后。现在我事业渐稳，“老大”宣示着对莹颖爱的主权，用霸气的方式为莹颖争取“独立解放”，一次次或教导或“威胁”，让我支持莹颖出去工作。

“我负责照顾孩子，莹颖负责在闪光灯下美丽大方。”

“老大”用她的行动诠释着对女儿最动人的情话。无论是出于对“老大”为我和莹颖晚年辛劳的歉疚，还是出于对“老大”家里家外都是一把好手的由衷佩服，我都愿意对她言听计从。

《女婿上门了》虽然为追求节目效果，剪辑加工之下会夸大岳母的刁钻，但也基本还原了作为新女婿的拳王邹在丈母娘家的“遭遇”：没有客气，没有寒暄，刚进家门，就被“老大”板起面孔布置任务，乖乖听话地扫地拖地铺床单，做饭洗碗擦空调。

对这些任务，我很是小看，一边干得不亦乐乎，一边还哼着小曲："哎呀妈妈，千万不要生气。哎呀妈妈，你有这么好的女婿……"

自以为搞定一切，扬扬自得等着夸奖，结果"老大"毫不留情指出各种问题："拖地弄坏拖把、鸡蛋煎得惨不忍睹、包菜不切直接装盘、要洗的麻将忘记洗……"

拳王变身"全职主男"，才知道做家务的点滴辛苦。

看网友评论，说"老大"用家务折磨我，那一向操持家务的"老大"和莹颖，岂不是每天都活在折磨之中？没有"老大"的这番严厉折磨，我一直认定做家务是一家之女主的天职，不甚辛苦。而男人回到家，就应该坐到沙发上，悠闲自在玩手机、看电视，理所应当。

然而，真是这样吗？

"男主外，女主内。"几千年的思维定式传下来，我虽为"80后"，也未能免俗。只是时代发展，人类进化，无论男女都有自己的世界。当男女同样为家奔波劳累，贡献心力，再固守"男主外，女主内"的定式，就是对爱人的暴政。"老大"的折磨是给自家女婿上的家务课，初衷是希望我改变大男子主义做派。这门课，一课千金。

为了莹颖，我跨过的世上最难的山就是"老大"，巍巍峨峨，翻山越岭。但"老大"的严厉，归根结底是为了她的女儿，我们共同的爱人。

"老大"，嘴比刀硬，心比水软。她的世界，感情丰富，意蕴深厚，刁钻的表象下，其实每个行为都是爱的意象。我是她浑身

都是毛病的女婿，也是她最爱最疼的儿子。

在“老大”的“调教”之下，我出门上得了拳台做拳王，回家当得了丈母娘的乖女婿。我陪“老大”一起打体感游戏，左一拳右一拳，在游戏里和她对打，竟然不分高下。

我陪她打麻将，麻将牌碰撞的清脆音效映衬她爽朗的笑声，悦耳动听，我是全天下输麻将输得最开心的人。

录节目，我在拉雪橇时摔倒了，她穿着厚厚的衣服踩着雪第一个赶过来扶。

打比赛，称重仪式前要控制体重，我免不了一段时间的生饿，称重结束后，就是解放的时刻，为了这个时刻，她大清早起床去买嫩仔鸡，然后煲鸡汤、炒辣子鸡，做好了自己都顾不上吃一口，空着肚子赶到现场，端着热乎乎的汤，只为第一时间给下了秤的我滋补身体。

听说我要开公司，她二话不说把参加节目的演出费都给了我——没有一个投资人比“老大”更天使。不仅给钱，还当起了我最有力的幕后参谋。多年的厂长经历，让“老大”阅人无数，慧眼识珠。新成立的公司招人时，她一出马，看人招聘一看一个准儿。“老大”，是我不世出的顶尖人力经理。

刀子嘴豆腐心的“老大”，就像热带季风中摇曳的椰子，外壳坚硬，可一旦进入果壳里面，嫩白甜蜜的汁水就浸润我的整颗心，让我整个人徜徉在母爱的温暖和幸福之中。“老大”爱的容量和能量让人惊诧，用一个人的爱把我们一家四口的世界包裹起来，密不透风。

洛杉矶，皓皓高烧 40 度，莹颖和轩轩还在国内奔波。我当晚刚好飞回洛杉矶，过两天还有比赛。“老大”为了让我安心，一个人心急，硬是没把皓皓生病的事告诉我。我半夜醒来听到孩子哭，才知道皓皓生病。

当天晚上，“老大”一夜没睡，抱着高烧的皓皓，在屋里降温——美国轻易不会给小孩子输液打针，所以只能自己在家里物理降温。那天，“老大”的白发变多了，面容苍老憔悴——一夜之间，白发丛生，原来不只是小说里才有的情节。

第二晚，皓皓还是哭闹着难以入睡，我执意要照顾皓皓，但“老大”以我的比赛为重，坚决下了睡觉的“最后通牒”，劳累之中，依然不怒自威。我拗不过她，只好去睡。上楼梯时，深夜家里的灯光明亮地照着我，“老大”却在阴影里继续不眠。

“老大”这一辈子，为莹颖耗尽了青春，又接着为女儿女婿和两个外孙放弃晚年清福。生轩轩时，陪着莹颖在香港、深圳奔波劳累。生皓皓时，为了让我们在美国安心拼事业，“我来养！”带着皓皓回到遵义一人拉扯。带孩子，说起来容易做起来难，“老大”带着孩子，累得腰疼和高血压一次次复发。

洛杉矶家中深夜，看着楼下光影里抱着皓皓的“老大”，灯影明灭那一刻，我决心这一生一定要照顾好她，我的丈母娘，我的“老大”。

“老大”不仅给了我她一个人的爱，还附赠了她整个家族的爱。

娇小的莹颖身后，有一个身躯庞大的“老大”；而“老大”身

后，还有一个庞大的家。“老大”家中，有快90岁的老父亲，还有七个妹妹。作为新女婿，刚进家门就看到七个姨妈、七个姨父，的确是一件考验记忆力的事情。不过短暂的迷糊过后，我就迎来了清晰的温暖幸福。

朴实热情的姨妈姨父们，把好酒好菜都让给我。家宴吃到兴头上，灌酒这道程序在所难免，这时“老大”又挺身而出，拿出家中长女的威严保护我这个小辈：“不要喝了，不要喝了。”简单几句话，被“老大”罩着的幸福感借着酒劲儿，在心里蓬勃蔓延，真如春风一般，整个人简直感觉要飞起来。

“老大”的爸爸，莹颖的外公，也就是我亲切可爱的老外公，作为老党代表，对我这个奥运冠军和新生代党代表女婿格外喜爱。每次和外公的“会晤”都是亲切快乐的。每次回家赴宴，我都享受着紧挨外公坐的殊荣。

吃饭前，外公要像老领导做工作报告一样，发表一番“我们围绕在党中央周围，一定要干好本职工作”的话语。我这个“80后”党代表默默在一边学习外公精神，紧紧围绕在外公的周围，听着外公喊我的小名“小宝”，说不出的亲切自在。

慢慢进入“老大”的世界，才知道“老大”除了威严和爱，还能融冰化雪，向我展露调皮可爱少女心的一面。岳婿之间的趣事笑语常给我们生活加料。

“老大”让我去洗麻将，我这个傻女婿还以为，“洗麻将”和“洗牌”同理，就是把牌码整齐，为玩牌做准备。老大过来一验收，我才知道我错了，原来洗麻将指的是用水和布把麻将清洗干净。我和老大在阳台上因为“洗牌”的哏狂笑不止。回到客厅，她玩着消消乐，玩着玩着想到刚才的哏，还是忍不住“扑哧”笑了出来。

“老小孩，小小孩。”“老大”有时候像个孩子一样。看到女婿安装游戏机，束手无策，一脸懵懂的样子，会坐在沙发上跺脚拍手偷着乐，活像小时候做了恶作剧没被发现的我们。

我们在泳池比赛憋气，我潜入水里憋气，“老奸巨猾”的她，在我露头的前一秒才潜入水里，然后马上出来装作憋气很久的样子，演技拙劣又认真。

“老大”瞒着我和莹颖，自己文了唇，被问到时，一脸正直地澄清，这是“吃辣椒过敏”。谎言被识破，因为自己的“臭美”，“老大”像少女一样羞涩一笑。

女人不是非要有男人宠爱才能永葆青春，聪明的“老大”，虽然无缘借男人的臂膀遮挡半生风雪，但她懂得自己宠爱自己，所以活得明白通透，该女王的时候能 hold（镇）住，该少女心时也是“全场最萌”。我喜欢看少女心爆棚时的“老大”，成熟稳重之后的调皮可爱，或许是女人最有魅力的时刻。

我们为什么要努力地懂事、成熟、能干？考问自己过后，发现真实的答案残酷无比——因为，我们怕被这个世界抛弃。心理学上讲，自卑是反复失败的结果，同时又是驱使人走向优越的力量。有些人，越自卑，越优秀；也有些人，越没有安全感，越稳重能干，就像“老大”。

我相信“老大”一定有过纯粹小女人的一面，也会撒娇，也

会耍赖。只不过岁月沧桑，她身边的男人早已远去，幼女嗷嗷待哺，工厂等她做主，于是，“盛装为女王，披甲上战场”，选择暂时将少女心尘封。

直到有一天，女儿已亭亭玉立，独当一面；女婿也从颇多不满到更多如意，她的世界终于可以放下层层铠甲，冰消雪融，春暖花开，封印解除。感谢“老大”，把这份少女心展露给我。在我面前，打破丛林法则，即使年过半百，依然露出纯真可爱的一面，这是对我莫大的信任和亲近。

一个对世界感到深深不安的女人，不会露出调皮可爱的笑；一个对他人心怀芥蒂的女人，不会轻易绽放少女心。“老大”这一生，为了我的爱人，放弃再一次选择爱人的机会。莹颖欠的这份“债”要由我来弥补。呵护好“老大”，不让她的少女心湮灭在不安中，是我一生的祈愿。

莹颖两岁开始，她的世界只有母亲，“老大”用她的直率、善良、坚强、倔强，一个人拉扯莹颖长大；20 岁开始，我走入莹颖的世界，她优秀、美好、坚韧，不离不弃地爱着我。我与莹颖，与“老大”，三个人的人生轨迹注定永远交错难分。

“妈妈笑了，世界笑了。妈妈哭了，世界哭了。”

我爱“老大”母后，爱得小心，爱得大气。

谁是老大

再恭敬请出我的老妈。

同为老大，小时候作为家中长女的老妈，被外公宠得无法无天，弟弟妹妹都要看她脸色；长大成家后，老妈被我老实体贴的爸爸宠得更加任性。

在洛杉矶，我比赛压力加身，妈妈也不会因此让步，她的碎碎念式的啰唆总爱成为母子之间小型战争的导火索。被儿子惹得生气了，从小被宠大的妈妈，火冒三丈摔门而去，语言不通，道路不熟，一个人在好莱坞山路上不管不顾，横冲直撞。爸爸追出去，急得不行，终于在偏僻的半山处找到妈妈。

我对像公主一样的妈妈，怨又怨不起来，爱又爱不自在，其中滋味，千回百转。

“市明的故事，三天三夜我都说不完，一说就让人难过。”

我学拳击之后，妈妈在我接受采访时，坐在旁边，仔细听着

儿子经受的残酷训练，默默咀嚼着儿子嘴里跳出的一字一句，听到一半，眼泪涌出，默默离开。

无论财富，无论梦想，无论给出多么伟大的理由，老妈是顽强反对我进入职业拳击界的重要力量。求学时期，她多么希望自己的儿子儒雅有方，以优等生的成绩进入体面的大学，带给全家，带给自己莫大的荣耀。奥运时光，她又多么希望自己的儿子带着无数的冠军奖牌回归，在仕途上平稳发展，不再经受无与伦比的精神压迫与肢体损伤。

但是，这一切，只能是希望。

我奉行的“偏不”路线，与老妈的一切设想背道而驰。不好好学习！不去上中专！不去考公安！而是要练武术！我要练拳击！我要打职业！

如果说，我的任性与执着，遗传了谁的基因，一定是我亲爱的老妈。

对付我日益顽固的任性，老妈再也没有我小时候的管理激情。现在的她，更愿意做的就是尽其所能，照顾好儿子的身体。

异地训练，我最馋家乡羊肉粉，妈妈就从贵州打飞的给我带来原汁原味的羊肉粉，就连老汤也冷冻好了带过来。为了一次多带一些，家中冰箱放不下，就跑到附近超市，向来骄傲的妈妈，放下身段，拉下面子，和店主好说歹说，人家终于同意把粉汤放在超市冷冻。一切费力周折，最终都是为了小宝桌上能有一碗家乡的粉。

比照我的亲妈，老妈任性，也善良，说话和做事率性有加，感性有余；而我的亲妈强硬，能干，讲求逻辑与理性。

拜我和莹颖所赐，我无法无天的老妈，终于遇到了棋逢敌手的亲妈。老妈和亲妈之间的故事也正式开启。

娇惯的老妈和好强的亲妈相遇，可怜的我就开始被战火包围。我和莹颖成婚之前，饭桌上，我本着身为准女婿的自觉，一个劲儿给亲妈夹菜，结果老妈看在眼里，记在心头，回了家一顿冷嘲热讽："花喜鹊叫喳喳，有了媳妇忘了妈。"

我还没"过门"，两个妈妈争夺儿子的战争已经初现端倪。及至婚宴当天，在一团喜气中，两个妈妈的战争以一种不见硝烟的形式拉开。

作为贵州省唯一的奥运冠军，婚宴当天，除了亲戚之外，还有省里市里的领导、体工队的领导、国家队的队友，当年省队的队友，老妈在婚宴上要招呼的人太多，忙得有些手忙脚乱。亲妈带着七个妹妹和妹夫出现在婚宴上的时候，对此前夹菜事件还耿耿于怀的老妈，在忙乱之中并没有拿出很多热情招呼亲妈一家。好强的亲妈带着一大家人一起受人"冷落"，其中心酸委屈可想而知。等到莹颖新婚回门之日时，亲妈的委屈用眼泪的方式爆发出来。两位母后的战争，婚宴过后暗中升级。

亲妈为我和莹颖劳心劳力，为了照顾轩皓还累出了一身病。家庭生活中，我对亲妈自然更亲近些。老妈看在眼里，感觉儿子的主权被人夺走了，心中不满点点积累，通过一言一行慢慢渗透出来。

"你都没给我做过美容，你在家里怎么没给我洗过碗？"

这边电视里《女婿上门了》刚播完，老妈的电话踩着点打过来。

“大姐，我也想这样爱你，你得给我机会呀。”

电话这头的我赶紧哄老妈。

对于我又爱又不自在的老妈，我现在已经可以开玩笑地叫她“大姐”。通过参加《女婿上门了》，深度走进妈妈们的世界，也加深了我对自己老妈的理解。“可怜天下父母心”，小时读是一番滋味，有了孩子之后另是一番体悟，如今读来又别有况味。

母亲就是这样，浮云过后，怨恨皆散，所有的爱都化作窗前柔美的月亮，或是门前挺拔的白杨。恨也好，分歧也罢，一切都会风化消散。历久弥新的，是母爱。

爱是什么？答案千百种。怎么表达爱？形式千千万。爱，这样一个丰富的命题，每个人的理解自然不同，也会在同一个屋檐下演化出各种可能性。彼此看不惯，就是众多可能性中的一种。

皓皓降生在洛杉矶，襁褓中的孩子，温床上虚弱的产后妈妈，每天面对训练和比赛压力的我，一家三口都需要被照顾。亲妈一个人忙不过来，向来身体不好的老妈只能出马洛杉矶。两位母后一起打理我家这片江山。

谁知，江山未稳，硝烟再起。

家中分工，老妈负责照顾我和一家的饮食起居，亲妈负责照顾莹颖和皓皓。两个妈妈暗中较量，比较着谁为这个家做出的贡献最多，谁是这个家最大的功臣。两位亲家妈妈之间微妙的关系和较量，让我在训练之余回到家中总要小心翼翼，生怕哪句话捅到了母后们的敏感神经，引起一番腥风血雨。

有些事情，越怕越来。

一天，回家过后，老妈在我身旁唠叨没完，说的内容自然是她今天又做了多少家务，如何辛苦，潜台词是“我比亲家母做的多多了”。我知道，两位母后的爱，不同的品相，一样浓的质地。老妈的辛劳我自然也感念在心，她为了照顾我都累出了腱鞘炎。但当天的训练实在太累，再加上比赛日期一天天逼近，“哎呀，你别唠叨了，烦不烦！”我终于发了脾气。

平日家中，我也会这样嫌弃老妈的唠叨，老妈从来没有像这次反应这样激烈。

“我走！”

流着眼泪，开始收拾行李。我知道，她哭的不是儿子嫌她唠叨，而是觉得在和亲家的战争中输了儿子。实际上，家庭的战争，哪来的对错输赢。

赶紧拦住老妈，一顿甜言蜜语，撒娇耍宝，终于平息了这场战事。洛杉矶一役，给我最大的启示是：千万不要让二老共处一室超过一个小时。有些仗，永远没有赢家。一山不容二虎，我要努力去建造两座山。

我家的《甄嬛传》不争皇帝争儿子，两个妈妈的青睐给我幸福，有时也会让我消化不良。夹在两个妈妈中间，深深明白做女婿、儿子真难。如果再来一档《亲家来了》的真人秀，老妈和亲妈同台竞技，再加上夹在中间的女儿女婿，我想节目一定十分好看。

我是两位妈妈的战争点，莹颖自然也逃不了类似的命运。她为我搁浅了自己最爱的事业，美艳如花的她，跟着我，一路风里雨里，以“邹市明背后的女人”被世人熟知。向来主张女人要有自己事业的亲妈，自然会为女儿感到委屈不平。我的老妈却不以为然：“妻子帮丈夫分担一点，天经地义。”

事业型的亲妈和家庭型的老妈战争点无处不在。

有的时候，太想保护自己的孩子，以致不经意间伤害别人的孩子，这或许是天下所有妈妈的通病，也是亲妈和老妈分歧的症结所在。一个一味站在儿子的角度，一个一味站在女儿的角度，对冲自然异常激烈。但是她们的执着却显得笨拙了，因为我和莹颖的生命早已相融不离，她们女儿和儿子的角度早已难解难分。

我家的戏，总是你方唱罢我登场。这边，两位母后的争端还在继续，另一边，亲妈和莹颖的续集——皇太后和皇后的“后位之争”——已经开始上演。从柴米油盐到孩子教育，衣食住行，大大小小，母女之间，分歧无处不在。

洗衣液究竟怎么买？莹颖买了除菌洗衣液，还要买洁净洗衣液。亲妈却觉得女儿这种习惯太麻烦，不理解年轻人为什么连洗衣服都和她当年不一样。

孩子扫地该不该给“工资”？“80后”妈妈莹颖觉得要给钱，这样既能让孩子知道做家务的辛苦，又能树立“劳动致富”的意识，何乐不为？于是，在家里的黑板上写下一套工资制度，条细清晰，有奖有惩。亲妈却觉得，孩子是家中一员，做家务理所应当。大人教孩子扫地做家务，不收学费，还给他工资，毫无道理。

逛超市该不该给孩子买玩具？轩哥皓弟抱着玩具不松手，莹颖不想养成孩子随意花钱的习惯，亲妈却只顾心疼外孙们，一个字：买！莹颖站在原地无可奈何。亲妈不说威震四海，威震莹颖还是可以的，轩轩皓皓在皇后和皇太后之间似乎摸出了门道，想吃的糖，想买的冰激凌，妈妈不给买？走，去找姥姥！

皇后和皇太后，无论谁占了上风，真正的赢家都是轩轩和皓皓，因为这两位女人都深深爱着他们，虽然是相反的力量，却全为助力他们飞翔。反倒是我，虽然在两位母后之间颇受优待，其实真相是公主和女王争高低，把我当个计分的道具——这样看来，三位妈妈之争，似乎我才最可怜，每逢二虎相争我伤神之际，我都不禁要忌妒两个儿子。

超人妈妈

亲妈最爱的女儿和老妈最爱的儿子相爱了。于是，莹颖也成了妈妈，一个每天“与儿子斗，其乐无穷”的超人妈妈。

超妈：“你今天别吃东西了。”

轩轩：（哀求语气）“妈妈，你别生气了。”

超妈：“妈妈不生气才怪。”

轩轩：（从背后抱着妈妈腿）“妈妈，求求你原谅我。”

超妈：“说，你哪里做错了?! ”

轩轩：“蛋糕，弄那个蛋糕。”

超妈：（声音加大）“那个水是用来做什么的？要不要用钱买？蛋糕是用来做什么的？”

轩轩：（嗫嚅地说）“用来吃的。”

超妈：（语气严厉）“蛋糕要不要用钱买？”

轩轩：“要。”

超妈：“蛋糕和水放在一起怎么弄？你把它吃掉。（一把推开抱着妈妈腿的轩轩）你把食物都拿来浪费，滚开点！”

轩轩：（带着哭腔）“妈妈。”

超妈：“爸爸晚上要干吗？”

轩轩：“打拳。”

超妈：“打拳做什么？”

轩轩：“赚钱。”

超妈：“你浪费的蛋糕是不是钱买的？可恶，浪费粮食！”

轩轩：“妈妈。”

超妈：“别喊我妈，我不配当你妈，你也不配当我儿子。”

莹颖性子本就刚烈，有了孩子之后，妈妈的“超人力”更是爆棚，超妈莹颖强硬管理的表面之下，有着循循善诱看不到的立竿见影。

这是超人妈妈独特的“食疗”教育法。吃饱物质很重要，精神上也不要偏食。

番茄炒蛋怎么做？你一定没见过这种做法：皓弟哭闹着来到厨房找妈妈要抱抱，一边要给两个儿子做饭，一边小儿子又急需妈妈的怀抱，怎么办？超人妈妈莹颖一把抱起皓弟，一只手抱着儿子，一只手做饭。单手打蛋，炒蛋，放番茄，出锅。番茄炒蛋千千万，这一份是独一家。

“坏妈妈，你不爱我了，我捣乱了哦。”

商场里，轩哥对糖果心心念念。妈妈却在专心伺候着“皇太后”买衣服，对轩哥的诉求视若不见。轩哥最终用捣乱的方式抗

议。一会欺负欺负弟弟，一会胡乱抓货架上的新衣服，妈妈一边陪皇太后挑衣服，照顾弟弟，一边还要看着轩哥这个“危险分子”不要捣乱。

超人妈妈让儿子折腾得实在分身乏术。带着轩哥皓弟全球飞，倒时差一度是莹颖最痛苦的事情。下了飞机，自己的生物钟正是休息的时间，两个孩子却精力旺盛地跑前跑后。莹颖只能陪着孩子玩，让还要训练的我去休息。终于，轩哥要睡了，小心翼翼把大儿子哄着，再来哄二儿子。“万岁！”皓弟终于也睡着啦！眼皮打架的妈妈终于可以休息了，刚躺在床上，谁知大儿子又醒了。倒时差对莹颖来说，就是一次次被两个儿子折磨到大哭的无奈考验。

超人妈妈莹颖在一次次被儿子折磨，为儿子抓狂的过程中，也一次次体会着儿子带来的欢乐幸福。

“妈妈，我要公主抱。”50 多斤的轩哥把妈妈累得够呛。

“换爸爸抱吧。”

“不，你是公主，所以你抱！”

有了儿子，超人妈妈的生活到处都可以成为乐园。坐在椅子上，一起敷动物面膜，莹颖脸上一只老虎，轩轩脸上一只熊猫，皓皓脸上一只猴子，我家的动物园就这样在欢声笑语里开张。沙发上，莹颖躺在轩哥身后，两只脚分别从轩哥背后舒展开，扇动着脚，就像天使的翅膀。兄弟俩发现妈妈的恶搞，笑得前仰后合。客厅里，莹颖陪儿子一起扮演童话故事，轩哥皓弟扮王子，莹颖扮公主，妈妈比两个儿子还入戏。

与其读万卷书，不如走万里路。和两位母后不一样，莹颖对孩子的爱充满新生代的特点。

“带孩子走遍世界，看遍世界。教会宝贝欣赏美，享受自由，以自己的角度，看见世界，容纳世界。这就是我们，‘80后’的妈妈们。和孩子一起学习一起成长，没有高姿态，我们是平等的哥们儿！”

超人妈妈莹颖的母爱，是给孩子平等和自由，和孩子打成一片，共同享受童真童趣，一起体验大千世界。

狮子和大象谁更可怕？去肯尼亚之前，轩哥皓弟的想法很大众：狮子吃肉，凶猛血腥，当然比大象可怕。肯尼亚公益之旅，让这两兄弟对答案有了全新的认识。

2016年7月，跟随星巴，我和莹颖带着轩哥皓弟，踏上“非同凡响”东非反盗猎公益之行，近距离接触从前只能从电视上看到的奇景。

关于大象惊悚的一幕，轩哥皓弟从马拉野生动物保护公益基金主席星巴口中得知。

星巴开车在大草原中缓慢穿行，突然被三头大象紧紧围住，难以逃脱。如果大象鼻子把车一卷掀翻，脚一踩，后果不堪设想。就在绝望的最后时刻，三头狮子来了，一头狮子故意吸引大象的注意力，把三头大象引开帮助星巴“象口脱险”，另外两只狮子护送着他安全返回。星巴无从破译狮子救命的动机，非洲大草原，惊险和温情总是交织上演。轩哥皓弟在妈妈怀里听得聚精会神，感受着大自然的奇妙与不可思议。

莹颖这位崇尚带孩子“行万里路”的妈妈，每天不知道累似的带着轩哥皓弟，体会着东非大草原枯荣之道和生存法则——野猪常常跟着长颈鹿“蹭饭”，长颈鹿从高处晃到地上的果实都被野猪一拥而上，一扫而光。狮子充满危险气息的身影旁边，却总有珍珠鸡肥圆的身影，小狮子还会和珍珠鸡嬉戏玩耍。白天，成群的斑马和小豪猪在眼前招摇而过；晚上，一抬头好像可以看到整个银河系的星星。

与草原告别前夜，一只母狮子，带着两只小狮子，在我们视线里久久不肯离去。母狮子全身线条优美，毛皮光泽，两只小狮子一只活泼调皮，一只安静可爱，简直像极了莹颖、轩哥和皓弟。莹颖脑洞大开，给它们取了名，一只叫“轩轩”，一只叫“皓皓”。从此，非洲大草原上我们又有了两个“儿子”。

莹颖这个“80后”超人妈妈，不仅和两个儿子玩得风生水起，在两位母后的世界，也游走得如鱼得水。

在她的“臭美”风潮下，亲妈终于也文起了眉，买衣购物都时兴了起来，莹颖的美丽大军就这样又新增一员大将。随着轩轩皓皓的健康成长，在孩子教育上，亲妈也越来越认可莹颖新一代的教育理念。活到老，学到老，亲妈在旋风速度中完成更新升级。

婆媳关系上，莹颖更是打入我军内部，毫不客气攻占全部高地。老妈从来就梦想有个乖巧的女儿，我小时候，她甚至会给我扎辫子、穿裙子来弥补她没有女儿的缺憾。对外经贸、北大高才生的莹颖，简直全方位满足了妈妈对孩子的期许。

我是她调皮成绩差的坏儿子，莹颖是她心心念念品学兼优的好女儿。“全面复合型才女！”妈妈总是毫不保留地赞美莹颖。小时候给不出去的夸奖，如今终于尽情释放在儿媳身上。

莹颖的热情大方和妈妈的外向健谈遇到一起，两个人与其说是婆媳不如说是姐妹，结成攻守同盟，一起对付我。莹颖对婆婆的姐妹也是体贴周到，对我的几个姨妈，要钱给钱，要力出力，事无巨细，我想不到的地方她都能照顾得妥妥帖帖。能够搞定两位母后，我的皇后不一般。

爱，把三个妈妈连接在一起，世界上没有比这更温情的连接。我就在三位女人用爱交织的网里，感受铁拳之外的幸福，也重新理解家中况味。每个人都是站在自己的经纬度感受爱、释放爱，爱与爱相撞，难免会有火花。庆幸的是，火花过后，我家每个人的经纬线越发靠近，我们的爱渐渐聚拢到同一个银河系。

“爱在左，情在右，在生命的两旁，随时撒种，随时开花，将这一径长途点缀得花香弥漫，使得穿花拂叶的行人，踏着荆棘，不觉痛苦，有泪可落，却不是悲凉。”

冰心先生的小诗，经莹颖的口读出来，让我更有感触。轩轩皓皓莹颖，爷爷奶奶姥姥，感谢他们，给我人生最大的爱、最深的情。

无论老大，还是超人，她们，都是妈妈。正是千姿百态的母爱，哺育了世界上所有的男人和女人。

第十三章

第十三个回合

有许多事，

无法用拳头解决。

全人

人生的意义是什么？就是赢和金牌！

很多年，这句话是我的全部逻辑。

“拳击就是摧毁一切，而不被一切摧毁。”

拳王泰森的话我奉为圭臬。每天我的心几乎都被拳击占满。两只拳套一个沙袋，给了我人生所有挑战的激情和奋进的勇气。灵活躲闪，迅捷出拳，邹市明让多少对手无可奈何。

2004 年雅典奥运会，我得到了一枚铜牌，和金牌相比，铜牌自然大相逊色，但中国奥运拳击史上的第一枚奖牌则另当别论。从此，我更加狂热，左肩担着对拳击的热爱，右肩挑着夺金的疯狂梦想，开始备战 2008 年北京奥运会。

2008 年，北京，家门口的这枚金牌，我志在必得。

为了这一枚未知的金牌，我毫不犹豫地拒绝了美国知名拳击推广人唐·金抛给我转战职业拳台的橄榄枝，这无异于亲手撕掉

了100万美元的支票——要知道，我在国家队时，各种补助加起来，一个月收入才2000多元人民币。

刚从雅典回国，我和张爸爸——张传良教练，都将手机尾号换成了2008，车牌号也换成了2008。我把人生的一切意义都寄托在2008年的金牌。

训练队里，我披的是金色的披风，躺的是金色的床单，我相信金色是王者的颜色，金色会带给我王者的幸运和宿命。

这还不够疯狂。我还要把金牌的照片下载到手机里，把手机捧在手上，端详着照片，目光好像要渗透到每一寸像素里，我的心里对赢的渴望，对奥运金牌的渴望熊熊燃烧，炽热烫人。

2004年到2008年，我疯狂地训练，一次次挑战自己体力的极限。劳累着、崩溃着，也激扬着、幸福着。我向着奥运金牌的方向鼓足马力。

终于，2008年，北京，我赢了！得到了过去上千个日日夜夜里心心念念的金牌。

"男儿有泪不轻弹。"

在领奖台上我努力抿着嘴克制自己想哭的心情。终于有一次，《义勇军进行曲》因我而奏响，之前给自己的所有压力都在这一刻得到释放。我终于压抑不住激动的眼泪，捧着金牌哭得一塌糊涂。我做到了！

人生大戏，剧情至此，一切好像都十分完美。我想赢，我赢了。金牌是我的全部，如今我得到了全部。真男人，就是要赢！

舞台更迭，赢的大戏依旧风生水起。尽管男主的油彩换了鲜血涂抹，尽管我的女主吓得花荣失色，赢的逻辑永远统治着大戏的主旋律。

然而，这个逻辑，真的对吗？

职业拳台，六场连胜，一切如此正常。直到对战伦龙，十年首败。

金牌可以套牢我的脖颈，金腰带可以捆绑我的腰腹，那么我的眼睛呢？我的心灵之窗，关注的只是这样单调而刺目的强光？

我累了，从精神到肉体。

于是，我和莹颖带着家人"出走"拳台，在不逍遥的心情中，去看看这么大的世界。巴厘岛的阳光，北欧的峡谷，澳大利亚的袋鼠，走出拳台，回归自然，蓦然发现，世间最好的风景不在拳台，而在下一个出发的站台。

浏览机场书店，英格兰才子德波顿的一句话让我记忆犹新：真正珍贵的东西是所思和所见，不是速度。一个人，如果他的确是个人，走慢点，也并无害处，因为他的辉煌根本不在于行走，而在于亲身体验。

在自然中，心情越发安宁，胜负也看得越发淡然。人生，除了输赢，还有很多。此前的练拳生涯，我浑身上下，神经紧绷只为赢，固执地以为只有赢才能给我幸福。却没想到，其实，赢，给我名利，但更多的是带来压力。放下输赢，才发现人生是一场逍遥的体验之旅。

有时烟火般轰轰烈烈是一种幸福，有时平平淡淡的柴米油盐是一种幸福，有时被万众瞩目是一种幸福，有时做沧海中的一滴

水是一种幸福。幸福百味，若是只得输赢一味，人生未免苍白。

为了让我更多地体验拳台输赢之外的人生，在莹颖的鼓励下，我带着轩哥参加了《爸爸去哪儿》，开启了父子之间的欢乐旅程，也开启了我跨界的巅峰之旅。

一次次拍摄，给了我和儿子太多与众不同的经历，给了我和儿子另一种相识彼此的方式。在各种经历里，认识各种轩哥，善良的，贪吃的，坚强的，可爱的，看见姐姐就不要爸爸的……其中，让我印象最深刻的还是好胜版的轩哥。

“爸爸，加油！我要你赢！”爸爸们的拔河比赛，轩哥扯着嗓子疯狂地喊着。

看惯了你输我赢甚至是你死我活的激烈拳击赛，轩哥似乎执着于所有比赛的输赢，对获胜有着比我还狂热的痴迷。此前，我为此感到骄傲。男人，有好胜心才能撑起事业的野心！

可是，要是输了呢？

轩哥一次又一次在爸爸游戏输了之后号啕大哭。

“我要你赢，不要你输！”

输，在他的世界里是一件撕心裂肺，甚至是不可原谅的事情。

那一刻，看着哭得歇斯底里的儿子，我突然意识到，此前我对输赢的执念有多过分，多疯狂，多可怕。

我错了。人生一世，博弈无数，我只教会了轩哥求胜，却没有教他如何面对失败。

在输赢里摸爬滚打过来的我，终于放下了输赢，同时也开始在一点一滴中教儿子放下输赢。庆幸，小孩子不会有根深蒂固的观念。当他过于执着某一点的时候，爸爸耐心讲解，一切执念都会烟消云散。

现在的轩哥，在爸爸参加各种奇奇怪怪的亲子游戏时，还是会扯着喉咙使劲喊："爸爸，加油！""爸爸，要赢哦！"

不同的是，输了之后，不再哭闹。

"我们下次再加油！"

爸爸放下了输赢，儿子也放下了输赢。这是比赢更棒的结局。

有人通过《爸爸去哪儿》我的表现，评价"邹市明是个情商很高的爸爸"。我从来不觉得自己的情商有多高，一切不过是一个能屈能伸的再普通不过的男人，蹚过输赢这条河之后的一点感悟罢了。

世间事总是滑稽与诡异，当我力争上游，为国家荣耀而战，有人会将我比喻成"金牌动物"，当我四处云游，参加各种节目，开启自己的体验之旅时，又出现了"不务正业"的非议。千山万水，千帆过后，这一切都不会再轻易进入我的关注视野，影响我的心情。

但是，我永远不会忘却拳击手的身份，也永远不会放弃自己的热爱。出走拳台八个月之后，我重整旗鼓，霸气回归。

2016 年 1 月 30 日，"王者归来——拳力的崛起"职业拳击争霸赛在上海东方体育中心举行。我重新披上战袍，戴上拳套，在第 8 回合 TKO 对手前南美职业冠军、巴西小子桑塔纳，获得了空缺的 WBO 国际金腰带，以一场漂亮的胜利重新唤回人们对我的信心。

这是第一场在中国内地进行的职业拳赛，赢了！

再次走到拳台中心，接受万人的掌声与欢呼。21年拳台风云，赢的次数很多，这一次，如此不同。这一次，我还是拳王邹。这一次，我又不再是当年的拳王邹。

因为，这一次的赢，我不再是为赢而赢。

没有人不想赢。但“试图”和“务必”之间，天壤之别。我的庆幸之处也正在于此——只是想赢，却不再逼迫自己必须赢。我的拳头不再是堆满压力，速度和力量之中，更多的是拳击的快乐。这是我主动选择的拳台，选择的比赛。全力以赴，输赢我都心安。

上海一战，我不仅赢了比赛，更重要的，我赢得了自己精神的丰盈。

身之所在，心之所安。既有“人生几何，不索何获”的野心，又有“求而不得，随遇而安”的静心。半年多的休养生息，给了我人生大智慧、大觉悟。

这份觉悟，也影响着我和儿子们之间的故事——不再让儿子执着于拳击的输赢，而是更多关注拳击的快乐。在训练馆的拳台上，在客厅的沙发上，在卧室的大床上，到处都有父子三人用拳头互动嬉戏的身影。六只胳膊，三双拳套，在欢声笑语里“胡搅蛮缠”在一起。没有谁输谁赢，拳击，就是给我们快乐的一种方式。

从一身筋骨只为赢，到身心和顺，看到输赢之外的远方。如今的拳王邹，放下输赢，真正感受着拳击真味。

身、心、灵——强健的身躯、逍遥的心情、丰盈的精神。我这一身，不只一双拳头，更安放着我的整颗心和整个富足的精神伊甸园。

无界

记者：“你会进军好莱坞吗？”

我：“我就住在好莱坞。”

面对记者的采访，我霸气作答，但绝对实事求是。

我在好莱坞山上住，一不小心就在好莱坞影坛露了露脸：《变形金刚 4》里，我体验了一把“本色”出演的感觉。

走进片场，大卡车、雷震天、擎天柱，马上有一种回到童年的熟悉感。记得小时候，我央求爸妈好久，他们才同意给我买了擎天柱的玩具。这次，我不再是哭着要玩具的孩子，而是该出手时就出手的“买菜大哥”。

“买菜大哥”在电梯里拎着两袋菜，见美女特工有难，放下菜袋，一套组合拳，英雄救美。解困后拎着蔬菜离去，深藏功与名。没有一句台词，完全用犀利的眼神和更犀利的拳头演绎身怀绝技、见义勇为的硬汉市民。戏份不多，但我已经享受其中。

通过电影，诠释另外一种人生。自己的生命体验和剧中人物的生命体验相互碰撞，与他人融为一体。这次电影之旅，让我在电影、拳击、他人、自我的多重空间里穿梭。

是表演，是拳击，更是本色。跨界，给了我展现本色的不同纬度，让我有了太多完全不同的第一次：第一次一个人带着孩子既当妈又当爸；第一次在舞台上跳舞；第一次站在央视的舞台上演讲；第一次做公益的时候近距离接触脑瘫患者；第一次在肯尼亚大草原上看狮子在面前自然交配。

我越来越享受跨界给我带来的新鲜感，从自己的领域，跳出圆心，跨到新的领域，找准一点，再画一个标准又不同的圆。不断跳跃、旋转、画圆的过程，也是不断尝试、学习、探索的过程。由熟悉到陌生，由陌生再到熟悉的螺旋式体验，不断挖掘出人生的新大陆。

不过，不要以为我天生爱跨界。我的跨界基因完全是被莹颖激活的。

“你在赛场上充满活力，可是一出比赛，你就安安静静待在自己的世界里，两耳不闻窗外事。”

十月金秋，莹颖出了新书，在写给我的信里这样说。她是最懂我的。

天马行空的跨界体验之前，我的生活是封闭的，不闻窗外风声雨声。在国家拳击队的我，训练生活是封闭甚至隐秘的。而训练比赛之外的时间，睡觉打游戏又占据了大半。只为比赛和金牌而活的我，不仅生活方式封闭，内心也是禁闭的，就像冰山下的火种，深深压抑在冰雪之间。

人，常常会触底反弹，一念之间，从一个端点转到另一个端点。认识莹颖之后，我的生活慢慢向整个世界敞开。在跨界达人莹颖的带动下，越来越多地去尝试跨界，越来越喜欢在不同维度进退游走的感觉。

作为体育运动员，脸每天都浸泡在汗水中。描眉涂唇彩的化妆，是我一度想都没想过的事情。直到2007年，我第一次上电视，做客韩乔生老师的《名将之约》。在后台，第一次涂上了唇彩，这个之前我以为只有女人才涂的东西。涂上之后，满嘴不自在，好像自己变成了一个大姑娘。初次跨界，我是羞涩的。

16斤重的实心球，从1.5米高的平台坠下。砸在西瓜上，瓜皮四溅，汁水横流。砸在人的腹部上呢？谈笑风生，毫发未伤。

腹力球游戏环节，在真人秀《来吧冠军》上演。奥运拳击冠军的肌肉，被综艺舞台的灯光照亮，博得一片惊艳喝彩。一块块结实的肌肉，是多年体育生涯给我的骄傲。在汗水的温咸湿润中，我感悟着与身体的和谐之道——动静舒张之中激活筋骨，激活生命。在肌肉里，有的是我和全身细胞的约会。我切切实实感受着生命的力量，在血肉筋骨中蓬勃跃动。跨界的舞台，闪光灯下，我开心地展示和分享着这份喜悦和骄傲。

当然，跨界带给我的，除了新鲜和惊喜，还有强烈的“水土不服”。

国家队期间，每天除了教练的指导和队友的闲聊，接受的外界信息少之又少，外界之于我的评论自然也少之又少。跨界之后，

尝试参加真人秀，颠覆之前封闭隔离的状态，体验一种完全开放透明的生活。把自己一天24小时置于摄像机下，一言一行都接受千万观众的审视，有赞扬，有谩骂。每天接受的外界信息像一桶又一桶水，浇在头上，有凉有暖，又像一波又一波浪，拍在身上，时轻时重。我置身于一片信息的海洋里。这，和我此前的孤岛生活如此不同。

总有这样一些人，不仅把你里里外外的隐私扒得干干净净，还要一桩桩一件件地评头论足。不仅对我如此，还要殃及家人。

轩哥三岁，大哭不肯剪掉挡眼的刘海，在理发师“剪发”或“烫发”的建议下，像抱住救命稻草一样选择了烫发。平时很难安静坐五分钟的轩哥，为了自己的“美发大业”愣是坐了五个小时，安静乖巧让妈妈惊诧。烫完之后，轩哥对自己的一头卷发视若珍宝。

我从小是自来卷，儿子在阴差阳错中自己选择了“人工卷”。看到卷毛轩的第一眼，我仿佛看到了小时候的邹市明。一头卷发，冥冥之中的父子牵系，没想到在网友眼里却完全变了模样。

“为了晒娃，完全不顾孩子烫发可能会出的意外，可耻！”

理发烫发，本是十分温情的家庭琐事，闪光灯下，却招来了流言蜚语甚至是恶言相向。这是怎么了？拳击都不曾施加在我身上的暴力威胁，却在网络上被键盘侠们实现。跨界，我“水土不服”的反应在愤怒和恐惧中叠加发酵。

在适应调整中，我反思着，也觉醒着，“我就是我”的心底呐喊喷薄欲出。真的有错，绝不推脱。无关对错，我就是我！

众口难调。做得再好再努力，也总会有人吹毛求疵。人总是因缘分而相遇，因调性相同而相聚。调性不同，自然会有挑剔责难。每一次水土不服，反应越强烈，成长越显著。

不只拳台，体育、时尚、公益、演艺、娱乐，人生这场组合拳，我一样要打得精彩！走拳王邹的路，让别人说去吧！

走出跨界的水土不服，更自如地在不同的身份间转换、叠加、碰撞。2015年时尚COSMO年度盛典上，我被评为“无界偶像”，和众多无界明星畅谈人生，越发感触，其实这世上本无界。所谓“跨界”，最高境界就是无界。

用条条框框约束自己，画出一道道边界线，是大人界定成熟的标志，也是成人共有的通病，扼杀了多面自我的精彩。人生，无界更精彩。

当年在国家队，走到哪里都是鸡蛋西红柿版本的队服。如今走出体制，在我贴身服装设计师莹颖的精心搭配下，无论是我和轩哥黑底印花的亲子装，还是我和莹颖的纯青色情侣礼服，型格衣品之间，开启了我时尚潮流的酷爸之路。一次次为时尚杂志拍摄各种封面，对各种摆型越来越得心应手。拳击手引领时尚，在国内看似不着边际的事情，其实背后是拳击和时尚本就水乳交融的关联。

拳击鞋以硬朗线条为双足披甲，再配上一身拳击披风，自成帅气。拳击手套、拳击沙袋、拳击短裤，和拳击相关的很多东西自带时尚元素，也就不奇怪香奈儿的广告大片曾以拳击台为拍摄背景了。张力十足的超模，野性爆棚的拳击台，拳击用独特的方式阐释了香奈儿的另类时尚。LV（路易·威登）也发现了拳击的时尚元素，设计奢华版的拳击手套、沙袋和以拳击为元素的包，以此向经典印花 monogram（由 LV 发明的字母和图案的组合）致敬。这一切，是拳击，也是时尚，其中无界。

无界，就是释放真实自由的自己。活出自由是一种能力。电影《阿甘正传》里，阿甘从大学橄榄球队队员到越南战场的光荣军人，再到中美乒乓外交的使者，最后又成为捕虾公司的百万老板。他每一步人生似乎都不是纵向延伸，而像个弹力十足的皮球，每次弹起之后的落点都出人意料。弹落之间，阿甘的一生成为“无界”的一生，自由穿梭在各种社会角色之中。可他又只是他，纯粹的他，在无界之中，一直跑，一直精彩。

我同样前进着，奔跑着，在“无界”中肆意行走，大洒脱、真自由，做着最真实的自我——一个有情怀的凡夫俗子。

在脑瘫儿童康复中心，我和一群与生龙活虎的运动员完全不同的孩子相识。他们年纪轻轻，面对生理的不足却依然坚强乐观。从小到大，“坚强乐观”这四个字，我们不知道听过、说过、写过多少遍。但是，我觉得他们才是最懂这四个字的人。

在康复中心，林林为我们弹奏了钢琴曲，王恒悦送给我们一幅充满童真的画，吴童为我们写下了祝福。

他们是脑瘫儿童，有着很多我们不能理解与承受的痛。但他们弹奏的音乐活泼悦动，画出来的画纯真快乐，临走时还不忘为我们写下祝福。

他们自信，阳光，不需要可怜——只愿你走近他们，而不只想做一位苦难的围观者。在他们开的杂货铺里买一袋酸奶、闲聊几句天气，几句琐碎的寒暄都能给他们带去“没有被抛弃”的莫大幸福。

公益路上，与其说是我在给予，不如说是我在收获。公益总能反过来给人太多感动。两个本无缘相识的人，因为公益使生命发生碰撞，给彼此带来火花。记得多年前我接触过的脑瘫患者汪强，他立志当一位拳击手。他的梦想并不惊天动地，却足以让我惊心动魄。他努力克服身体的阻碍，戴上拳套，握紧双手，聚力，出拳！不需要什么金腰带，他已经是最非凡的拳王。

天津理工大学的贵州学生杨忍，骑行时发生车祸，一直昏迷不醒。靠种植蘑菇为生的家人无力承担巨额医药费。我和莹颖机缘巧合得知这位贵州老乡的遭遇，决定出钱帮他治疗。

“他醒了！会笑，会认识人了！”

所谓“善缘”，从不单向流动。在一个看来平常的早晨，医院发来报喜的短信，生命复苏的感觉在我身体里流动。我不是杨忍，也不是他的亲人，但收到短信的那一刻，我真的好像感受到了他体内正蓬勃苏醒的生命力，体验到两个生命之间如此奇妙的连接。

做一个有情怀的人。情怀给人温暖，给人欢乐。

拍摄《爸爸去哪儿》时，韩国导演对我说，我是三季里最有综艺感的运动员，虽然我至今都不知道什么是“综艺感”，也许综艺感就是又傻又真的样子吧。

我只是卸下奥运冠军和拳王的包袱，带着儿子旅游，没事找找过程中的小乐子。或许，所谓的“综艺感”就是我天生自带的

娱乐属性吧。一个人能自娱自乐，两个人能 high 翻世界，三个人能打成一片，一群人能乐得群魔乱舞。

《女婿上门了》里，给亲妈带来一堆假发，帮她重新打造形象。假发被皇太后嫌弃，为了博太后一笑。我拿出耍宝无厘头的看家本领，戴着各种假发，长的、短的、黄色的、棕色的，一个个试戴。试到一款最长的，戴上，搔首弄姿，长发飘飘的邹市明，冲着亲妈回眸一笑，哪个拳王有我妖艳性感?

陪亲妈买鞋，亲妈在一边和导购聊着，关于女鞋我真是一窍不通。在一边待着无聊，拿起手旁的一双女靴，长筒，细高跟，穿上，拳王的女鞋秀开始！我使劲模仿着 T 台猫步，屁股也跟着扭起来，妖娆走秀，在一旁的亲妈凤颜大悦，笑得前仰后合。

拳台上我是流血不流泪的硬汉，拳台下我是快乐挑逗的“邹小宝”。我在两种形象间穿梭自如，毫无违和感，硬汉和逗乐都是最真实的我。我所热爱的事业打磨出硬汉的一面，而逗乐似乎是我先天自带的属性。

搞怪是一种快乐的人生态度，是一种接地气的生活方式。不管遇到什么事，都能笑得出来，更是生命力强大的彪悍体现。上天能成龙，下地能成虫。拳台上，我是龙一样的王者，拳台下，做一条优哉游哉的小虫。我喜欢做拳王，也能享受搞怪的快乐。

在“拳王邹”的人生大戏里，拳台上的十二回合是主旋律，但除了最闪耀的那几瞬，不被聚光灯瞄准的我，一直在打人生的“第十三个回合”。

第十三个回合里，我不只是奥运冠军、职业拳王，更是超级奶爸、时尚达人、文体明星、慈善大使……每个自我都是一颗星、一个独立的标签、一个属于自己也属于世界的品牌，我的属性就是我自己，是拳台内外每一个回合都要活得精彩的邹市明，一个想为自由而活的凡夫俗子。

“邹市明一家，是中国版的贝克汉姆、维多利亚。”

《时尚杂志》上出现这样的说法，我看了有点惶恐，可能是我并没有贝克汉姆那么帅吧。

“你们家的第三个孩子还会是男孩吗？会不会像贝克汉姆那样生个‘小七’？”身边也有人这样问起。

当然，每个家庭的轨迹不可能完全相同。或许因为同是体育出身，同为明星家庭，所以才有了这样的类比。

实际上，我和贝克汉姆，每个人的属性都独一无二，看似相似之中其实各有各的大不相同。不过，我还是开心能有这种类比，不为这份比喻中对金钱名誉地位的暗示，而是对我家健康、朝气、时尚的认可。这份正能量，也正是我在第十三个回合一直追逐的光辉。

“我妻子为我流过太多眼泪，我脸上鼻子上挨的每一拳都打在她的心上，她说不要世界冠军，只要我平安无事。她最喜欢舞蹈，所以我来这里的每一支舞蹈都是献给她的。”

参加《与星共舞》的比赛，最后一支舞决定着最后的胜负，在关键时刻，我选择莹颖作为自己的舞伴。

《爱你说谎的方式》（*Love the Way You Lie*）音乐响起，灯光醉人，旋律悦动，抱着莹颖，我跳了人生最华丽的一场舞蹈。舞

台上可能没有比我更蹩脚的舞者，但也没有比我更幸福的舞者。那一刻，音乐流动之中，我触摸到一种拳台之外的浪漫脉搏。正当我们沉醉在悠扬的慢旋律，深情地拥抱在一起，恋恋不舍时。可爱的轩哥迫不及待地冲上台，扑进我们的怀里。这个家伙的每一次搅局都会带来巨大的惊喜！

博爱人一笑，为儿子拼搏。

拳王的幸福感，充盈于第十三个回合里。

第十四章

尊严

让一个贫困生，
像绅士一般活着。

贫困生

“那‘谦谦君子，温润如玉’的样子，只有‘温柔’两个字可以形容。”

这是一位美国大学教授对我的印象描述，她笔下的我，也许代表了很多人对拳台上下邹市明之反差的强烈感触。

与朋友们的感叹不同，记者们的提问就直接好多。

“这种性格是否阻碍你成为一名伟大的拳手？”

“呵呵，哪种？”

提问者的潜台词是，拳击终究是一项充满暴力的运动，坏孩子也许更容易获得成功。我相信，一定有很多人觉得这句话颇有道理。拳击、暴力、坏孩子，三者之间似乎有着紧密共生的关系。然而，之所以“听了很多道理，依然过不好这一生”，正因为很多道理看似颇有道理，实际背后却是不能再暴力的逻辑。

我要纠正这个记者的想法，我要改变公众对拳击的看法。

拳击是项很绅士的运动。它，集纳了人类最强大的虚实规则：情商与协调，洞察与调度。两个人讲好了规则去打，是一件很文明的事情。不讲规则，才是世界上最无逻辑的残酷。

什么是奥利匹克精神？“更高、更快、更强”之外，还有就是公正的比赛规则和双方都在规则中进行的较量。规则之中的拳头，是文明另一种野性的展现方式。如果一个文明体系中只有青衫折扇这一种展现方式，未免单调乏味。什么是暴力？以破坏规则为取胜代价的博弈，才是最暴力的。

拳击不是暴力，更不是坏孩子的游戏。

“君子动口不动手。”一句民间谚语，既无出处，更无典故，却默默影响了几代人，培养着一种似乎文明的“国民性格”，让我们越来越温和，越来越……

这句话对吗？必须对！大对特对！

这句话好吗？必须好！免战金牌！屡试不爽！

鲁迅先生笔下的阿Q便爱这句话，阿Q喜欢与人吵嘴打架，但必须估量对手。口讷的他便骂，气力小的他便打。与王胡打架输了，便搬出了这句话：君子动口不动手。

于是，当他们在说“君子动口不动手”的时候，其实，他们在说什么？

“你打我啊，你打我就不是君子。”一种近乎无耻的道德压制，似乎很有道理，细细品味，却透露着一种莫名的无赖与无奈。

动手非君子？当然不是！

那么，第一次你为谁动手？

在备战拉斯韦加斯大战的后期，我在自己的公众号上发起了这个话题，没想到，得到众声呼应，燃烧着激情与力量的观点和故事，伴随和激励着我，度过了战斗力爆棚的备战时期。

有位名为“澳地儿”的网友倾心奉献了自己的“第一次动手”。幼儿园就第一次动手，为了保护一个小女生不被开水烫着。老师与家长的恰当处理方式，给予了自己这样的人生观：暴力不好，但保护朋友的时候该出手时就出手。虽然人生自此再没有动手，但这种“动手观”永远内化于心中。

“打不动的是架，打得动的是人心。保护身边重要的人，要勇于站出来，哪怕是替 TA 说句话。别怕，有我在。”

当我读到他的文字最后，不禁为一段在今天这个世界愈加稀缺的热血情怀竖起大拇指。

岁月尚未静好，现世不曾安稳，当这个世界不只有君子的时候，动口并不能解决所有的问题，暴力当然不是解决问题的最好办法，但也从没有人否认它不是一个办法，一个维护尊严的好办法。

当年在体校，趁着周末和一群队友出来滑冰放松。滑冰场里，一群地痞流氓走过来对同来的两个女队友动手动脚。

我：“说你呢！干吗呢？别动手动脚的！”

流氓：“就动了，你小子他妈的找打！”

我们一行男同学出言阻止无果，脱下滑冰鞋，拿出打拳击的架势，上！专业流氓遇到专业拳击，几个回合下来流氓落荒而逃。

此前，我除了练拳时和人“动过手”，在拳台之外从来没和人真刀真枪地打过架。滑冰场一战，是我人生的第一次真正动手，与其说是打架，不如说是捍卫尊严：两位女队友的尊严，我们一行男同学的尊严，更是体校拳击队的尊严。拳击，给了我们不欺软也绝不怕硬的血性。这种血性，在倡导“温良恭俭让”的国度被扭曲，被误读成了暴力。

中国拳击就是这样被国人误解，偏见之下，拳击在中国成为一项很尴尬的体育运动。2004 年之前，从来没有过奥运奖牌。2012 年之前，从来没有职业金腰带落地中国。再不出成绩，这个奥运项目很可能被体育总局删除。拿奖牌之前的很长一段时间，我所在的国家拳击队，申请出国比赛，困难无比。

“花了一顿的钱，出去挨了一顿揍。”

体育总局领导一句玩笑，也确实道出了中国拳击“花钱找打”的窘境。

奥运比赛回来，乒乓球队、游泳队、跳水队这些国家梦之队常常受到各种领导接见慰问，捧金带银，和领导一起吃饭庆功。拳击队就像不被爸妈疼爱的孩子，没有领导，没有庆功宴，几个队友，几扎啤酒，一顿撸串，我们的回国宴就这样在路边摊上“庆祝”，虽然也没什么功可庆，就当是庆祝我们平安归来吧。

国家队的我们处境尚且如此尴尬，国家队之外的拳击运动员就生活得更加贫困潦倒。

澳门一位老拳击教练，70 多岁，还在为拳击事业奔波。看到记者，颤颤巍巍地从夹克里掏出几张徒弟的定妆照，坚持让记者收下。

“我有很多好选手，但没有机会。”

他的一个徒弟在泰国打拳，40 多岁了还不愿回来。回到沙漠里，能种出什么粮食？我和他的拳手素未相识，却对他的痛感同身受。我们拥有共同的身份——中国拳击沙漠里的流浪者。

冠军只有一个，金腰带只有一条，拳击运动员却千千万万，他们路在何方？

很多拳击运动员，把自己最好的年华都刻印在了拳套上。别人在读书，他们在打拳。别人在学技术，他们在打拳。别人在工作，他们在打拳。拳击保质期过了之后，运动员们除了拳击，一无所有。

“哎！我老了，我不打了。”

向我说这句话的，是一个 21 岁的年轻拳手。没能进到省队，心灰意冷，决意离开拳台。21 岁，在拳台外，是一个还很青涩的年纪，在中国拳击体制内，确实老了。我 18 岁进入国家队，23 岁得到铜牌，27 岁得到金牌，31 岁卫冕金牌。转战职业拳台的时候，我已经老了。运动员的每一步都是在与时间拼命赛跑。一分一秒里，你能感受到自己老去吗？别告诉我你能，除了运动员，没人能够对一分一秒的老去有切肤之痛。一分一秒太快，一分一秒给常人带来的衰老很慢很慢。运动员每天都在和一分又一分做着斗争。21 岁，即使进入省队，用几年时间崭露头角走到国家队，再用几年打下战果，才有机会参加奥运会。参加奥运会，有了成绩还好说，没有成绩无功而返又是一番尴尬。快到而立之年，除了一双拳头，别无其他。花了很多青春练习拳击的青少年，最后获得的是绝望或者失望。

在中国，这不是个例。

得知师弟被人捅死时，我无比震惊。师弟也是贵州人，退役后摆路边摊卖凉粉。拳台上养成的硬汉血性，在生活的鸡毛蒜皮中无处施展，还要处处受人脸色——突然出现的城管，找碴儿的顾客，收保护费的地头蛇。曾经拳击队里怀揣梦想热血激情的单纯少年，从训练场出来，如今成为路边灰头土脸满身疲倦的街头小贩，拳击给了他最美好的岁月，也给了他最残酷的破碎。人生所有不得志最终都在暴力中发泄。夜晚街头，一场斗殴，曲终人灭。

除了在经济上照顾他的遗孀和一岁的孩子，我还能做些什么？拳击在中国注定是场悲剧吗？

在西方本可以安身立命的技能，在中国只能夹缝里求生存。师弟的死亡事件是个例，却有着看不见的普遍性。当年的师哥师弟们，文化成绩好的，考上公务员去做特警，这已经是最体面的结果。更多的，有些人因为受伤，没有得到好的安排，生活凄惨。当年有个师弟，眼睛打伤了，视觉一片模糊。无奈之下，背着行李，带着伤残的眼，回到农村种地种田，临行的身影，一个人，落寞凄凉。我们这些队友，看着他远去，也许，下一个就是我。

特警或是伤残总是少数。更多的，是有些人在超市、酒店、停车场做保安，卖力气，挣着微薄的薪水。常有些同门，请我去他们单位走一走，这样他就能在单位抬起头，少被欺负，有点地位。凄凉之外，更残忍的是，能走到体制内的夹缝里已经算是幸运。有些人为了生计，只能游走在体制边缘的灰色地带。夜总会看场子、做打手、拿着砍刀帮人催债，本应是拳台上的英雄，为了一家老小不得不放下尊严，成为人们眼中的“渣滓”。一身力气，两手拳技，没有施展的擂台，只能在江湖中腥风血雨。

我想当英雄，可不想成为希腊悲剧里向死而生的英雄。我苦苦寻求，想在中国拳击的一个个悲剧中突围。拳击，不应该是悲剧！拳手，不应该卑微地活。拳击，应该是一项给人尊严的运动。每一个拳手，拳台之上是斗士，拳台之下是绅士，这才是拳手应有的际遇。

上台之前，全场一片黑暗，一束最亮的灯光照着拳手，披着披风，在欢呼声中走向拳台，跨过绳圈，挥舞双拳向观众展示着力量和勇气。一片黑暗，一束光，前面的拳台，拳台下的整个世界，都是为拳手而存在。我想象不到任何一种出场方式，能比拳手上台的方式更给人尊严感。

曼德拉说，拳击是关乎血性、尊严和荣耀的竞技。没错，对于一名合格的拳击手，拳头绝不是暴力，而是尊严所在。拳者的尊严在拳头的呼啸声里呐喊。当年，美国富豪雷诺兹拿出签约费相当可观的合同，阿里却毅然拒绝。此前，在雷诺兹庄园里工作的经历让他刻骨铭心：不可以进厨房，每天只能端着盘子和几只名狗坐在一起吃饭。帮雷诺兹太太开车，不知情的管家呼骂着让他从车里滚出来。

“黑鬼，你真是胆大包天了，快滚出来！”

“别爬到白人的汽车里白日做梦，老老实实干你的活。”

一连串辛辣的骂声，让他清醒认识到雷诺兹此前笑容背后的意味——黑人拳手不过是可以给他赚钱的一条狗。因为赚钱，赏赐你一个笑容。但在雷诺兹眼里，狗终究还是狗，甚至连他家里可以被主人抱在怀里的名狗都不如。对于这样的老板，酬金再高，阿里不屑一顾。

要知道，阿里出身贫民窟，一身赤贫。比赛时，穿的运动裤都是从其他拳手那里借的。作为一名拳击手，连自己的练习手套和安全帽都买不起。但这从来不是一个拳坛王者丢掉尊严的理由，就像他在自传里写到的："在绳圈内必胜的信心、决心和力量，靠的是强大的自尊心和老虎一样的冲劲儿。雷诺兹却想用一条狗链把这头老虎锁在家中——办不到！"

我一次次在汗水里质问自己——在中国贫穷的土地上，贫困生们怎样才能活出尊严？

2003 年，第一次参加世锦赛，大型比赛，初出茅庐的我紧张激动自不必说。第一场比赛抽到了古巴队，古巴是世界公认的拳击强国，随便一个出租车司机都能没事的时候和你打两拳。雅典奥运会，我得了铜牌，中国拳击史上第一枚奖牌。而同年的古巴队，傲视群雄，一举拿下了五枚拳击金牌。古巴拳击之强悍可想而知。第一场比赛就遇到这样凶猛的对手，真有一种"出师不利"的叫苦不堪。

等电梯时，碰到了即将对战拳台的古巴对手，出于礼貌上前打招呼。结果，人家理都不理，傲骄地从我眼前走过。

"你，中国拳手，不配当我的对手。"

我知道他心里一定是这样想的，一定是。那一刻，自己的尊严，国家的尊严，被对手狠狠摔在地上。我们不再是“东亚病夫”，但身处拳击沙漠之中，在拳台上依然被人看不起。看着身上穿的中国队服，鲜艳的中国红更加刺激了我的尊严感，全身鲜血都涌上来，我要打败他！

终于来到拳台上，目中无人地和我碰拳之后，对手挥舞着拳头嚣张地回到自己的角落，他身上每一块肌肉好像都在颤动着，嘲笑着我，藐视着我，藐视着中国拳击。电梯前的经历涌上心头，比赛开始，我一口气，上来一套杀气十足的组合拳。从对手的反应里我知道，他吃惊了。不过，这还不足以表达我的愤怒。

“士可杀，不可辱。”更何况他看不起的除了我，更是我背后的中国拳击。那一场，我彻彻底底地在为尊严而战。奖牌可以没有，但这场比赛我一定要赢。拳击需要热血，但战术和技术需要冷静。可这一场，上了台，我的冲动大于冷静。我要赢，拼了！

终于，我赢了！披上中国国旗，向台下疯狂地挥舞双臂。我想狂呼，我想呐喊，初出茅庐的我，想让全世界的人都知道：我是邹市明，我是中国人，我是中国拳击手，我打败了古巴队。

张教练：“知道你刚打败的对手是谁吗？”

我：“你告诉过我，古巴队里最弱的选手。”

张教练：“其实，他是古巴拳击队队长，上一届世界冠军。”

初生牛犊不怕虎。世锦赛第一场比赛，就这样，我在对手是谁都没有搞清的情况下，打败了世界冠军。拳台总是在不经意间，给我太多戏剧性。不过，一场比赛，可能成就一个传奇故事，却不能改变一个国家的拳击现状。通过赢得一次次比赛，我成功

“脱贫”，成为拳击贫困生中的富有者。可中国拳击，依然贫困。

别说在西方，就是在亚洲，菲律宾，拳王之影响力都大得让我难以想象。跟随教练罗奇来到菲律宾拳王帕奎奥的家乡训练，他在菲律宾的待遇简直如同“国宝”。他没有奥运金牌——这个中国人过分痴迷的奖牌。但是他在全球职业拳台上拿下的一条条金腰带，为菲律宾拳击扬名立万，他在拳坛上的汗水和拼搏，一点一滴都被国人看在眼里。跟随他来到菲律宾，从过安检开始便有专门安排，一路畅通，走在街上，如同天王巨星，几乎每个人都认识他。菲律宾总统实行禁毒新政，帕奎奥积极响应，不惜爆出自己年少曾经吸毒的经历，现身说法，支持禁毒，受到举国热议。拳王的影响力，上到庙堂之上的国家大事，下到平民百姓的茶余饭后，无处不在。

及至西方拳击的国度，拍摄《变形金刚 4》，我印象最深刻的不是好莱坞大片的震撼场面和星光璀璨的演员阵容。而是美国文化里，他们认为，拳台上的人都是英雄。这种理念让我充满被理解的感动。这种“英雄观”，我在中国拳台摸爬滚打近 20 年很少体会到。

在美国，全民拳击的氛围浓烈馥郁。1904 年在美国圣路易斯举行的第 3 届奥运会上，拳击第一次被列为正式比赛项目。前来参赛的只有美国一个国家的 44 名运动员。即使全世界都不来圣路易斯的奥运拳台，美国拳手依然在奥运拳台上生龙活虎，美国民众关注的目光依然密切注视着这方拳台。全世界的冷漠参赛，不能熄灭美国民众对拳击的热情。因为这里，是拳击的国度。

美国民众全民推崇拳击运动，也就难怪拳击题材备受好莱坞青睐，明星巨腕都喜欢演拳手。从经典的《洛奇》系列到《愤怒的公牛》再到最新的《铁拳》，好莱坞的拳击电影，不仅体量庞大，明星云集，而且更是每年奥斯卡的获奖热门题材，在最伟大的体育电影榜单上名列前茅。

拳击在西方大地被捧上圣坛的同时，反观中国，我，邹市明，两届奥运冠军，WBO蝇量级世界拳王金腰带得主，这一切的知名度，都不如参加一季《爸爸去哪儿》。直到现在，看我比赛的人群中依然有人高喊“轩轩爸爸”。我相信，有一部分观众就是为了“轩轩爸爸”才来看的比赛，而不是为了职业拳王。作为一名拳击手，以这样的方式被国人关注，我不知道是喜是悲。

我是弃儿中的幸运者。凭借一个人，一双拳，在拳台上有了一片天地。在金腰带的光芒里，我时刻记得，我的祖国，还有千千万万个拳击贫困生。我们总是嘴上反对把人分为三六九等，心里又有着自己严格的等级划分。体育运动也是如此，不成文中早已定好三六九等。在中国，拳击是最低等。很少有家长会送孩子去学拳击，乒乓球、羽毛球、游泳才是中国的热门运动。热门项目更容易出体育明星。即使成不了明星，从事热门项目的运动员出路也更宽广。中国那么多球馆、游泳馆，不愁找不到一个教练的工作。而拳击运动员呢？等待他们的前途往往一片荒芜。

中国拳击人的尊严，路在何方？

名人堂

任性签署了两份大合同，不多，两个亿，美元。泰森走进了拉斯韦加斯最大的劳斯莱斯专卖店。

泰森：“我要买车。那边那辆，你们仓库里有多少辆？”

销售员：“您想试驾吗？”

泰森：“不用，直接买光你们所有的库存。”

第二天，这个劳斯莱斯店的销售员就成了总经理。

这样一掷千金的情节可不是在电影里，拳王泰森在自传《永不后退》里的回忆清晰无比。

当时，车店经理对泰森一行穿着球鞋短裤的黑人不甚重视，只派了一个初级销售员接待他们。作为拥有天价出场费的拳王，泰森用撒钱的土豪方式捍卫着自己的尊严。

的确，拳王往往很土豪。

“帕奎奥出场费够科比赚十年！”

“帕奎奥出场费打一场等于一个 C 罗（克里斯蒂亚诺·罗纳尔多）。”

拳王的天价收入一次次刺激着公众的神经。

所有运动中，为什么拳手身价最贵？好问题，我喜欢。

“拳击是所有运动中最难、最负荷，对运动员挑战最大、要求最高的运动，所以最贵。”

张教练的回答一语中的。这份“贵”，不只是出场费，更是一个拳手用血汗书写的高贵。

邹市明的身价到底是多少？

转战职业拳坛以来，关于我身价的询问和推测就不绝于耳。金钱的确是给人尊严的一种方式，简单直接，粗暴武断。无论是出于经济因素还是虚荣心作祟，出场费的高低的确会影响到一个拳手的尊严感。拳击是台巨大的印钞机，拳王和豪车豪宅似乎是标配。

拳击，尤其是职业拳击，总是和商业、金钱息息相关。拳台也是一个名利场，应付得当，名利双收，迷失心智，名缰利锁。我曾经给自己定下一百万的人生目标，之后是一千万。随着金钱目标的慢慢实现，却渐渐发现，有些尊严，多少钱都给不了。豪车豪宅，或许可以给人物质上的满足感和安全感，但绝不足以给人尊严感。我至今买过最奢侈的个人物品，是一个 16000 元的眼镜。我的尊荣生活，不在金钱和奢侈中，因为尊严，不是满身奢侈品堆砌出来的高人一等的虚荣感。

拳者的尊严，是拳台内外的王者气概。拳台内，敢于迎着暴

风雨般的拳头，向前挥拳。一只眼睛肿着，两只手仍然举起金腰带，霸气不减。拳台外，心怀天下，不羁绊于蝇营狗苟。正如拳王阿里，不甘于做白人的傀儡，成为市长口中“白人的希望”。毅然向政党、财团抛出的橄榄枝说“不”，为黑人平权运动奔走呼号。拳台之上，尽情享受呐喊欢呼。拳台之下，不辞辛劳，为风雨中的弱势群体鼓与呼。他，一颗仁心，一身傲骨，坦率直白：“你们要是和我一样卓越，就会理解，谦虚是一件很难做到的事。”

进入拉斯韦加斯国际拳击名人堂，可以说是拳击手最高的尊严和荣耀。我的名人堂之行，却于尊严之外，五味杂陈。

乘坐阿鲁姆的私人飞机，俯瞰拉斯韦加斯的灯红酒绿。身旁坐着载入名人堂的拳王德拉霍亚。我的感觉，好像云端漫步。

飞机同行人，德拉霍亚——巴塞罗那奥运会轻量级拳击金牌得主，转入职业拳坛前 7 年，31 场比赛全胜。整个职业拳击生涯，39 胜 6 负，30 次 KO 对手。职业拳坛第一个获得六个级别的世界拳王，10 条拳击金腰带。拳击神话，殿堂级的人物。

早期在国家队，我每个星期都会守在电视机前看他比赛，在他的一招一式中学习领悟。昔日教科书中的人物，如今在同一架飞机里谈笑风生。这就是拳击名人堂的空气，和拳击相关的英雄人物、传奇故事、机缘巧合，你想要的，这里都有。我的名人堂之行，在心绪澎湃中落地，继而又掀起了万丈狂澜。

拳击名人堂 25 周年庆典，也是奥斯卡和迪杜等拳坛风云人物的入殿典礼。和载入名人堂的一代代传奇拳王相比，现在的我是微不足道的。作为第一个进入名人堂活动现场的中国拳手，能够来到拉斯韦加斯感受这场拳击盛事，觥筹交错之间，和昔日耳闻已久的拳坛大佬交流学习，已经让我很惊喜。本以为只是去参观，没想到我竟然被安排到了庆典游行车队专车上。跟随车队，走过的每一个地方都有着独特的拳击传奇色彩。这里是拳击的海洋！到处都是拳击的味道。也正是在那一刻，我再一次与这种感觉激烈碰撞：这里，和我生活了几十年的中国如此不同！

从大山深处的革命老区，用拳头开路，一步步走到国际拳击名人堂的庆典车队。贵州省第一个奥运冠军，中国第一个拳击冠军，名人堂第一个中国身影，当所有"第一"，也是唯一，荣耀之外，我更多地感到孤独。往事浮现，这份孤独其实由来已久。

初来美国，洛杉矶，拳击馆里陌生又热情的同行过来打招呼。

"你们是日本人？"

"不是。"

"韩国人？"

"不是，我们是中国人。"

"噢，你是台湾人。"

"不是。"

"那你是香港人？"

"不是。我们是中国大陆人，贵州省。"

尴尬的对话。无奈的现实。

拳击王国里的美国人，心里默认拳馆稀少、练拳昂贵的中国大陆不属于拳击，中国大陆人也不属于这项运动。中国观众，比起拳头中的精神向来更关注比赛的结果。在训练馆气派的一百八十度落地窗前，我不知道该怎么跟外国人解释拳击和中国的关系，只能在拳套中发泄这份孤独。用我的拳头告诉世人，自我开始，拳击和中国，大有关系。

我所在的拳击馆，挂满了各国国旗，唯独没有中国。因为我的到来，拳击馆里终于升起了五星红旗。

2008 年北京奥运会，2012 年伦敦奥运会，亿万人陪着我唱国歌，在激昂的旋律里看着五星红旗冉冉升起。这一切都抵不上那一刻的安静——我走进训练馆，从来没有挂过中国国旗的墙上，升起了中国国旗。五星红旗静静地挂在墙上，没有国歌，没有千千万万人共同见证它的升起，它就安详庄重地在那里。阳光从窗户里照进来，落在国旗上，神圣无比。作为中国人，我真的骄傲！越是平静，内心越沸腾。有一面国旗，为我而升。我站在那里，就是中国。在西方人的拳台上，为东方人的尊严而战，我拼命厮杀。

热身、慢跑、跳绳，一切只是准备工作。20 年前，15 岁的我，在中国，重沙袋、梨形球、速度球，一拳不少，分毫不差。20 年后，35 岁的我，在美国，依然重沙袋、梨形球、速度球，一拳不少，分毫不差。每天，手靶、实战，移位、躲闪、收力、出拳，汗水撒满 7 平方米拳台的每一个角落。我的汗水，有了收获。我的战争，有了辉煌的成果。可是，一个人的战争，再辉煌，都是孤独。

站在名人堂颁奖现场，我希望打破这份孤独，希望有更多的中国拳手跟我一起站在现场，甚至希望有一天能有中国教练、推广人、拳手被记录在名人堂。我不希望是唯一，甚至不再像年轻气盛时一样渴求第一。我憧憬着站在世纪大战的拳台边，被一个又一个中国拳手超越。名人堂盛典，我希望有一天，能够有中国拳手掀起甚至超越这股拳击巨浪，让中国拳迷为伟大的中国拳手喝彩……

我胜利了，但“我们”依然是没有尊严的贫困生们。“我们”胜利了，才能让中国拳击真正脱贫致富，获得一个群体、一个国家的尊严。

有人曾说：“邹市明只是中国拳击的奇峰突起，而不是中国拳击时代的到来。他创造了多大的辉煌，身后可能就有多长时间的沉寂。”

我承认，这句话不无道理。但我仍然固执地选择以一己之力，推动中国拳击时代的到来，一个不仅属于我，而是属于“我们”的拳击时代。或许，我终将以失败收场，那又如何？只要“我们”向前走了一大步，这就够了。

2014 年，南京青奥会，习主席特别前去看望拳击运动员。

“我年轻的时候也练过拳击。”

“邹市明啊，我看过他的比赛直播。”

虽然我不在现场，前一句话我备加感动，后一句话我备感荣幸。这是一个多么伟大的信号，值得我为之欢呼雀跃。我相信，中国拳击的春天来了。我庆幸，生逢其时，不早不晚。我要在拳套里，烧出一个火辣辣的夏天。超越极限、挑战自我，不屈的精神、硬汉的气概，公平的精神、公正的规则，疯狂地竞技、绅士地握手，这就是拳击，一项文明又疯狂的运动，一项可以让人上瘾的运动。

二十多年的力气，我都付之于拳坛。然而，没有不老的拳王。退役之后，不再费力，我愿意为拳击费更多的心。二十多年的辛劳，我为拳击，苦着、乐着、痛着、幸福着。遇过贵人，也走过弯路。混过边缘，也来过中心。如今灯光璀璨，曾经受人歧视。体校少年，向来是学生中的边缘群体。遭人白眼，被人轻视。“没文化，爱打架”，是我们的不老标签。关于不堪，所有的智慧心得，关于拳坛，所有的技术经验，关于比赛，所有的教训得失，我不想把这些宝贵的东西尘封于心。为更多的草根拳手提供一个造梦平台，帮助真正有拳击理想的人踏上圆梦之旅。前人栽树，后人乘凉，我的前人，是张教练，是罗奇。如今，我想成为下一代“前人”，用自己的经验，搭出一条路。在中国，让更多的孩子有机会触摸到拳套，让一批批拳击人活得更有尊严，更有希望。

在上海，成立自己的拳击馆，以拳会友。

不用成为冠军，不必拿下金腰带，这里是最快乐的拳台，没有任何负担。我喜欢拳击，所以我来了。自由简单，干净纯粹。看着轩哥皓弟戴上自己的小拳套，在欢呼声和笑声中打拳，这也是拳击的真意。不是只有你胜我负的残忍，还可以有你来我往的快乐互动。互动之中，拳台之上，没有等级高低，拳击从来不是贵族运动。拳套有大有小，适合就好。沙袋有轻有重，因人而来。护具有贵有贱，量力而买。拳馆遍地，练拳便宜，男女老少，富翁穷人，草根明星，只要你想练，总有一块拳台属于你。

曾经的师兄师弟，拳台上的老手，不用再为生计低三下四，不需要再去找人到处借钱。在我的拳馆里，做教练，离开灰色收入，体体面面地活。下班后，一把串儿，一扎酒，把酒话当年，拳台多少事，笑泪之中，苦尽甘来，傲气依然。我的愿景，有一天，我们不需要再去仰望拉斯韦加斯的名人堂，东方的拳击名人堂，在环球大地上独树一帜。

我如今虽然已经离开奥运赛场，但从未远离拳击，更从未远离中国拳击。“国旗”是我职业赛场上永恒不变的背景符号。它表达着令我骄傲的中国身份，五星红旗披在身上的那一刻，鲜红炽热的旗帜，强烈刺激着我每一寸血脉偾张的肌肤，这是一名中国拳击手对自己国家荣誉的捍卫。

“邹市明对于职业拳击比赛承载的商业价值和文化意义，已经远远超过对战双方本身”。

2016 年 12 月，中国十佳劳伦斯“最佳非奥运动员”的颁奖词，是对我的莫大肯定与激励。

一个人，一双拳，我想要的，不仅仅是邹市明的尊严，是中国拳击手们的尊严，更是中国的尊严！泱泱中华，拳台上不应该仅仅有我，更应该有你，有他。

这是我的拳击愿景，遥远美好，未必由我来实现，但注定由我来开启。我身边，拳击教练、经纪人、推广人，曾经退出拳台的拳手，越来越多地披上战衣，重返拳台。一个人不能烧出整个夏天，一群人呢？

“我头顶着天，脚踏着大地，全世界都崇拜我的霸气，我就是传说中的 super star（超级明星）。”

崔健的摇滚，《一帅到底》，潇洒之中自有霸气。一帅到底，扬起头颅骄傲地活，这也是拳击手应该有的样子。

“我就是要一帅到底！”

让每个拳击手都有底气大声喊出自己的张扬，这才是我们应该有的生活。名人堂里的史泰龙，在体力与脑力，艺术和技术的融合中，阐释着拳手的哲人气息。阿里用自己的拳头挥舞着写下拳击慷慨豪迈的伟大诗篇。泰森用自己的放纵与救赎奏出一曲拳击的跌宕摇滚。无趣的生命因拳击而有起伏，伟大的人生因拳击而更激昂。

因了这份由血汗铸就的豪气格局，中国拳击值得人们投以尊敬的目光，中国拳击手们值得获取更有尊严的人生！